山西财经大学财政研究文库

山西省软科学项目资金资助出版项目：
内部控制视角下的地方财政管理研究（2017041034-2）

U0894706

Research on the Internal Control System of Local Fiscal Departments

# 地方财政部门内部控制体制研究

郭　玮 / 著

中国财经出版传媒集团
中国财政经济出版社

**图书在版编目（CIP）数据**

地方财政部门内部控制体制研究 / 郭玮著. --北京：中国财政经济出版社，2019.6

（山西财经大学财政研究文库）

ISBN 978-7-5095-9244-1

Ⅰ.①地… Ⅱ.①郭… Ⅲ.①地方财政-财政管理体制-研究-中国 Ⅳ.①F812.7

中国版本图书馆 CIP 数据核字（2019）第 204181 号

责任编辑：胡 懿 责任校对：张 凡

封面设计：春天设计

中国财政经济出版社 出版

**URL**：http：//www.cfeph.cn

E-mail：cfeph@cfeph.cn

**（版权所有 翻印必究）**

社址：北京市海淀区阜成路甲 28 号 邮政编码：100142

营销中心电话：88190406

北京财经印刷厂印刷 各地新华书店经销

710×1000 毫米 16 开 10.5 印张 190 000 字

2019 年 9 月第 1 版 2019 年 9 月北京第 1 次印刷

定价：49.00 元

ISBN 978-7-5095-9244-1

（图书出现印装问题，本社负责调换）

本社质量投诉电话：010-88190744

**打击盗版举报热线：010-88190414 QQ：447268889**

# 前言



近年来，随着我国市场经济的飞速发展和社会事业改革的不断深化，政府职能呈现不断扩大的趋势。与此同时，地方财政支出规模日益增大，地方财政风险愈演愈烈。如何加强地方财政管理，提高财政资金使用效率，有效防范地方财政风险已成为地方政府关注的焦点。

地方财政部门是进行地方财政管理的特殊机构，由于地方政府的职能和作用最后都会归结为财政活动，地方财政部门的管理和运行是政府治理和地方经济发展的重要基础。从地方财政管理的现状来看，一直以来地方财政部门都将有效防范财政风险、加强部门廉政建设、提升财政管理水平作为地方财政管理目标。但是，由于政府职能的不断扩大和社会经济环境的发展变化，地方财政风险也在日益加剧。同时，政府服务职能的转变和依法行政的不断推进也要求地方财政建设必须朝着更严格、更为精细化的方向发展。因此，原有的地方财政管理模式已不能适应和满足新形势下有效防范财政风险的客观要求。

在国外政府部门内部控制的积极影响以及我国企业部门内部控制发展成效的良好示范和带动下，我国政府部门也加快了内部控制制度建设的进程，逐步加强和完善政府部门的内部管理和自我约束。一些地方财政部门相继开展了内部控制的探索与实践，尝试将内部控制引入地方财政管理，并收到了良好的成效，也有效带动了其他政府部门内部控制的建设和发展。但也存在许多亟待解决的问题，财政部门内部控制理论研究相对滞后，现有的相关文献往往聚焦于地方财政部门内部控制的概念、目标、原则、主体与客体等框架设计，却忽略了地方财政部门的行政管理特点和运行规律。同时，由于没有建立一套科学完整的内部控制评价体系，也就无法对地方财政部门内部控制的实施过程进行判断和有效指导，致使各地方财政部门内部控制存在着较大的地区差异性，而且地方财政部门内部控制制度松弛、机构职责不清、监督乏力现象普通存在。这些问题严重影响并制约着公共财政体系建设和财政资金运行，从而难以形成对地方财政风险的有效防范。

因此，适时启动并有效推进地方财政部门内部控制研究是形势所趋，是规范地方财政部门的行政行为，确保行政决策的科学性和可行性，保证财政资金安全、规范使用，有效预防地方财政风险的客观要求，也是借鉴和吸纳企业内部控制理论的重要内核，扩展和深化财政部门内部控制理论的必然选择。本书以地方财政部门内部控制的理论架构与优化设计为研究对象，将企业内部控制理论的重要思想引入地方财政管理，归纳总结内部控制理论的概念本质与作用方法，梳理政府部门与企业内部控制的关联性，结合地方财政部门行政管理的特殊性和内部控制的复杂性，展开对地方财政部门内部控制的一般性分析，在此基础上诠释核心要素并推理演绎地方财政部门内部控制的运行机理。同时，本书以问卷调查分析和典型案例为依据，深入探讨地方财政部门内部控制存在的问题及困境，有针对性地从地方财政部门单位层面的优化、作业层面的流程规范以及内部评价体系的构建等重要角度提出地方财政部门内部控制的优化设计。

本书是基于内部控制框架的理论性分析与地方财政部门内部控制实践的探索性研究，从地方财政部门的公共受托责任出发，将企业内部控制理论的核心要素与地方财政风险管理有效融合，诠释地方财政部门内部控制的科学内涵，并提出包括地方财政部门发展战略目标设定、风险甄别、风险控制以及监督评价等关键环节在内的“嵌入式”地方财政部门内部控制的理论体系，同时依据地方财政部门不同层面的特点和差异性，从单位层面的全局视阈和作业层面的流程视角对地方财政部门内部控制的实践状况进行研究，进一步理顺各核心要素之间的联系，探寻单位层面与作业层面之间相互作用的原理和规律，从而形成对地方财政部门内部控制实现路径的探析与思考。

诚然，地方财政部门内部控制发展时间较短，运行过程中的问题会随着制度的推行而逐步显现。因此，地方财政部门内部控制的建设不可能是一日之功，它将与各项财税制度改革、政府行政管理等相关领域的不断完善相伴而行，未来还有广阔的发展空间。这就需要广大学者继续关注地方财税制度的改革进程，不断深入对地方财政部门内部控制相关理论的研究和实践探索，为最终建立符合我国国情的、更加完善的地方财政部门内部控制体系发挥更大的作用。

# 目录

# 1

# 导　论

导论部分提纲挈领式地对本书进行介绍，主要包括研究背景与意义，研究思路、方法及框架结构，创新与不足，可以使读者更为清晰地了解全书的结构及布局。

## 1.1　研究背景与意义

近年来，随着我国市场经济的飞速发展，政府职能呈现不断扩展的趋势。与此同时，地方财政支出规模日益增大，地方财政风险愈演愈烈。如何加强地方财政管理，提高财政资金使用效率，提升地方财政部门抗御风险的能力已成为各级地方政府关注的焦点。

地方财政部门是政府部门中负责地方财政管理的特殊机构。地方财政管理贯穿地方财政部门的所有业务活动，地方财政发展战略目标的设定、财政资金的筹集、财政收支计划的安排与执行以及财政监督都离不开有效的财政管理。因此，地方财政部门的管理和运行是地方政府治理以及地方经济发展的重要基础，地方财政管理水平的高低直接影响地方财政经济发展状况和运行效果。同时，日益庞大的地方财政收支规模和地方政府债务规模也加剧了地方财政风险。政府服务职能的转变和依法行政的不断推进也要求地方财政建设必须朝着更严格、更为精细化的方向发展。因此，原有的地方财政管理模式已不能适应和满足新形势下有效防范财政风险的客观要求。

受到企业内部控制的积极影响和国外政府内部控制的重要启发，政府部门逐步将企业内部控制的思想理论运用到现实的政府管理之中，从依靠外部制度的硬性约束转为内部制度的自我修正，进行管理模式的改革与创新。同时，国家采取了一系列举措，明确加强并规范管理政府部门内部控制的建设①。2014 年 1 月 1 日，我国全面推行《行政事业单位内部控制规范（试行）》（以下简称《规范》），这标志着我国初步建立起了统一规范的政府部门内部控制体系。2014 年 6 月，中共中央政治局审议通过《深化财税体制改革总体方案》，明确指出要改进预算管理制度，以规范政府行为、实现有效监督。2014 年 8 月，全国人大常务委员会审议通过《〈中华人民共和国预算法〉修正案》，正式将“政府管理的预算”修改为“管理政府的预算”，而将“强化预算的监督职能”修改为“加强对预算的管理和监督”，从立法宗旨上进行了修正。2014 年，党的十八届四中全会通过了《中共中央关于全面推进依法治国若干重大问题的决定》，进一步要求强化财政资金分配使用、国有资产监管、政府投资等内部流程控制，防止权力滥用。2015 年 11 月，《财政部内部控制基本制度（试行）》正式实施，标志着财政部内部控制工作全面启动。由此可见，内部控制制度建设是对传统政府行政管理模式的创新与突破，也是向服务型政府转变和现代化治理不可或缺的制度安排。

近年来，地方财政部门也相继开展了内部控制的探索与实践，尝试性地将内部控制引入地方财政管理，并收到良好的成效，为其他政府部门内部控制的发展起到了很好的示范作用。但是，也存在许多亟待解决的问题。我国财政部门内部控制发展时间较短，相应的文献往往多聚焦于对政府部门内部控制的概念、目标、原则、主体与客体、要素等框架设计与功能定位，虽然提议将企业内部控制的核心思想和方法引入政府管理，却忽略了地方财政的行政管理特点和运行规律，只是单纯地将内部控制理论简单移植到政府内部控制的研究之中。同时，由于没有建立一套科学完整的内部控制评价体系，无法对地方财政部门内部控制的实施过程进行判断和有效指导。因此，对于地方财政部门内部控制的研究还有待深化。此外，地方财政部门内部控制制度松弛、机构职责不清、监督乏力现象普遍存在。这些问题严重影响并制约着公共财政体系建设和财政资金运作。基于此，适时启动并有效推进地方财政部门内部控制研究是形势所趋，是保证财政资金安全、规范和有效使用，加强地方财政管理科学化、规范化、精细化建设的客观要求，也是借鉴企业内部控制理论、丰富和扩展财政部门内部控制理论的必然选择。

本书以地方财政部门内部控制的运行机理与优化设计为研究对象，将企业内部控制理论的重要思想引入地方财政部门，总结归纳内部控制理论的概念本质与作用方法，梳理政府部门与企业内部控制的关联性，结合地方财政部门行政管理的特殊性和内部控制的复杂性，展开对地方财政部门内部控制的一般性分析；在

① 理论研究中往往将公共部门、政府部门、行政事业单位混用。严格来讲，三者的内涵和外延均有不同。出于研究的方便，本书将其视为与私人企业相对的同一概念范畴，不作具体区分。

此基础上推导演绎基于目标设定、风险识别、有效控制和动态监督的地方财政部门内部控制运行机理。本书所进行的理论探索和尝试对于扩展和丰富内部控制在公共部门领域的应用，完善和发展地方财政内部控制理论具有重要的理论价值；同时以问卷调查和典型案例分析为依据，深入探讨地方财政部门内部控制存在的问题及困境，有针对性地从地方财政部门单位层面的优化、作业层面的流程规范以及内部评价体系的构建等重要角度进一步提出地方财政部门内部控制的完善路径。本书提出的设计思路和想法对于健全地方财政部门内部控制机制建设、加强财政内部监督、规范财政管理行为、提高财政管理水平、有效防范地方财政风险、促进经济社会的协调稳定发展具有十分重要的现实意义。

## 1.2 文献综述

### 1.2.1 国外研究状况

从各国的发展态势来看，加强政府部门内部控制建设已成为必然之势。在企业 内部控制发展的带动下，各国不断加强政府部门内部控制的研究和实践。其中，美国是开展政府部门内部控制成效最大的国家之一。伴随着政府内部控制的不断推行和完善，国外的机构和学者深受企业内部控制研究与实务进展的启发，对政府部门内部控制展开多元化的研究。

#### 1.2.1.1 内部控制法律指引

从国外政府部门的发展历程来看，政府部门内部控制的发展过程也是政府相关立法不断修订完善的过程。美国注册会计师协会（AICPA）于 1949 年提出内部会计控制和内部管理的分类。在此基础上，美国国会于 1950 年进一步提出各联邦政府应当关注内部会计控制，实施内部控制的目标为保护资产安全和财务信息可靠性。伴随着政府部门内部控制的不断发展，美国国会又先后于 1977 年和 1978 年提出《反国外贿赂法案》和《督察长法案》，并在 1982 年《联邦管理者财务廉洁法案》中明确提出各联邦政府部门必须要建立内部会计控制和管理控制系统，同时要求将已识别的内部控制缺陷及拟采取的整改措施公开向外界报告。玻利维亚政府于 1990 年颁布实施《政府管理与控制法》以确定公共组织内部控制的法律职能。日本政府则通过了《公共财务法》和《公共会计法》，规定所有政府部门依据法定要求检查并控制本单位的财务与会计活动。同时，受到企业内部控制的积极影响，美国政府问责局（GAO）分别于 1999 年和 2003 年两次发布并修订政府内部控制准则和内部审计准则，除界定内部控制基本概念和要素外，还明确把“被审计单位财务报告相关内部控制”视作鉴证对象。特别是《萨班斯—奥克斯利法案》颁布之后，迫于社会各界的舆论压力，OMB 再次修订《预算管理总局通告 A－123》，将 COSO 框架融入政府内部控制之中。同时，GAO 也在经历了 7 年的争议后，通过借鉴 COSO 框架的成果发布了基于风险和业绩导向的《联邦政府内部控制准则》。

#### 1.2.1.2 内部控制理论框架

企业内部控制规范对政府部门有重要的借鉴意义，通过吸取企业内部控制的先进理念和改革经验，引入其核心理论和重要方式方法，政府部门内部控制得到进一步的完善。特伦斯·丹提斯、阿兰·佩兹认为，议会和法院存在的局限性使得它们无法对结构和运作机制越来越复杂的行政机关实施有效的监管，而解决该问题必须依靠行政机关加强自我监督和控制。2004 年国际最高审计机关颁布的《公共部门内部控制准则指南》也进一步规范了内部控制的定义、内部控制的实施主体、具体的参与人员、合理保障等相关概念，将“风险评估”引入政府部门内部控制体系范畴，突出了政府作为公共行为主体进行风险评估的重要性。Edward Carney（2009）提出政府内部控制的重要性在于防止政府部门出现舞弊、浪费、滥用职权等问题，保证其公共受托责任的有效履行。同时，将企业内部控制的科学理念和操作经验运用到对政府部门的分析中，构建了美国政府最新的内部控制研究框架，提出了新型的应用工具，立足于规范的内部控制程序和业务操作方法指导政府部门进行内部控制建设。D'Aquila，Jill（2013）认为 1992 年 COSO提出的内部控制框架第一次正式性地提出内部控制定义，并且提供了一个衡量内部控制的标准，还以此为依据，立足内部控制环境的发展变化，扩展和丰富了内部控制整体框架。GAO 在 2014 年的报告中重点关注“绿皮书”中内部控制的相关概念以及美国联邦政府的内部控制状况，并讨论分析了各组成要素和准则的标准，指出承诺与诚信、道德价值观、1982 年美国联邦管理者财务正直法以及内部控制有效性评价这些元素，都是构成一个组织完整的内部控制体系不可或缺的重要元素。

#### 1.2.1.3 政府部门内部控制实践分析

内部控制在政府部门的实践应用过程中逐步显现出一些规律性的问题和不足，因此一些学者针对这些问题进行深入分析。Filipiak，Beata（2009）针对波兰地方政府实施内部控制的问题进行分析，描述了当地政府实施内部控制的强制程序，并且对这些程序实施的结果进行相关的实证研究。研究表明，内部控制活动的扩展以及多重控制是极其不易的。因此，有必要以数量的形式测量控制任务的变化。地方政府不应该认为内部控制是一个适应性的标准，而是要将其看作一个有价值的、能创造新价值的管理工具。Petrovits, Christine; Shakespeare, Catherine; Shih, Aimee（2011）认为组织内部控制缺陷程度与内部控制信息披露不充分有关。因此，他们建议非营利组织应当将来自捐助者、政府机关及其他重要来源的资金作为内部控制信息披露。Reginato, Elis - abetta, Paglietti, Paola, Fadda, Isabella（2011）抽样调查了意大利地方政府财政管理改革过程中特色鲜明的样本，以建立的内部控制模型为依据，进一步考证这些部门使用该模型的具体情况。通过研究他们发现，模型的使用效果与被抽样部门的实际情况、代理业务的复杂程度、经济社会状况以及地理方位具有一定的关联性。Leach, Richard A.（2012）论述了内部控制流程对于美国国防部行政管理的重要性，提出内部控制或监督薄弱的组织滥用职权的风险就会高。基于此，作者详细介绍了为实现一个强有力的内部控制环境所必须具备的由美国政府问责局确定的一系列内部控制标准。

#### 1.2.1.4 政府内部控制评价

一些学者运用最新的分析方法和理论模型，以政府机构相关评价准则为依托，立足政府部门内部控制的主要业务活动，并结合组织部门的管理特点构建内部控制评价体系，从而能够对政府部门内部控制的具体执行情况进行必要的监督和评价，及时发现问题，为组织管理层充分了解本部门内部控制的实施效果提供可靠翔实的依据。Hollis Ashbaugh - Skaife, Daniel W. Collins, William R. Kinney Jr.（2007）认为，组织内部控制的主要风险点在于组织结构的复杂程度、组织的快速变革、受内部控制影响的投资以及鼓励发现和披露内部控制缺陷。Tsay, Bor - Yi（2010）以 COSO 五大要素框架为指导，认为内部控制评价的作用在于组织运行过程中能保持内部控制持续的有效性以及更好地遵循萨班斯—奥克斯利法案关于财务报告内部控制的相关指引。同时，他从内部控制评价设计的注意事项、建立一个基础以及如何设计和执行评价等角度提出了内部控制评价的建议。Gherai Dana Simona, Tara Ioan Gheorge（2012）认为，内部控制是一个动态的过程，需要各级管理层和员工的共同参与，并针对组织的变化进行不断调整，以确保整个组织能够更好地识别风险以保证目标的实现。作者对当前罗马尼亚公共部门内部控制的实施水平以及内部财务控制程度进行评估分析，并得出有效的结论。

#### 1.2.1.5 内部控制审计研究

政府内部审计是为了强化组织内部监督管理、进一步提高组织内部的管理效率而建立实施的政府部门的自我监督，对于内部控制有着极其重要的作用。基于此，Huefner，Ronald J.（2011）对纽约市管辖范围内的城镇实施内部审计的具体情况展开仔细调查，结果表明内部控制的主要薄弱环节包括现金收入和支出、采购和索赔处理、预算实践和计划等。这些缺点可以提供一个欺诈、滥用和损失市政资源的机会，以至于造成公共资源的低效使用。Calderon，Thomas G.，Garber，Ryan，Conrad，Edward J.（2012）对2009年127家不同类型的政府部门展开调查后发现，尽管不同的政府部门面临的风险有一定的共同之处，但是其差别也不容忽视。大型政府部门机构庞大、业务活动频繁、资金往来数额巨大，所以其内部控制相对复杂。因此，文中提到地方政府保持财政健全的一个重要方面是加强对政府的了解，通过了解和把握政府部门所固有的这些风险，可以促进地方政府财政正常运行。Mária Benedek，Klára Tubak Szenténé，Dániel Béres（2014）在匈牙利国家审计署2012年和2013年对100家地方政府部门进行内部控制审计的结果基础上，对政府部门内部控制的五大要素进行了系统梳理，总结归纳出政府部门内部控制的问题及不足，并在此基础上从控制环境、风险管理、控制活动、信息交流和监控五方面提出改进与完善政府内部控制的建议和措施。

### 1.2.2 国内研究现状

我国对政府部门内部控制的系统研究起步较晚，但近年来随着内部控制理论的发展和政府部门内部控制实践的推进，越来越多的学者开始关注政府部门内部控制问题，从多个角度展开对内部控制的探讨分析。

#### 1.2.2.1 国外政府部门内部控制的经验介绍

发达国家政府内部控制的建设经历了较大的发展和进步，同时也形成了相对科学完整的内部控制理论。有些学者以国外政府部门的实践经验和最新进展为依据，分析对比我国政府部门内部控制状况，并提出相应的完善建议。刘玉廷、王宏（2008）立足美国政府部门内部控制的具体实施状况，总结借鉴其实践经验，并提出我国政府部门内部控制与企业内部控制相互促进的发展思路。黄新銮、梁步腾、姚杰（2008）对中美两国内部控制相关法律进行了梳理和对比分析。张国清、李建发（2009）分析总结了美国联邦政府内部控制的发展进程及其最新进展，以我国政府部门内部控制的状况分析为依据，借鉴美国联邦政府和其他国家关于构造有效内部控制结构的经验，从立法基础、强化政府管理层的内部控制责任等视角进一步提出规范政府部门内部控制的设计思路。王光远（2009）回顾了美国政府内部控制立法的发展历程，介绍了对政府内部控制影响最大的《内部控制—整合框架》和《萨班斯—奥克斯利法案》，同时分析并评价了我国政府部门内部控制状况及存在的问题。张龙平、陈作习、宋浩（2009）梳理了美国内部控制审计制度的发展过程及其特征，并以此为基础得出重要的启示和建议。卢成龙（2010）认为中美两国政府内部控制制度建设和理论基础、人员编制和机构设置、国家审计对政府内部控制执行情况的监督等方面均存在一定的差异性。唐大鹏（2014）梳理国际公共部门内部控制制度，并与我国公共部门内部控制建立的国家环境、政治环境与经济环境相联系，从制度创新视角进一步阐释了我国公共部门内部控制建立实施的理论根源和实践支持，拓展了内部控制的相关研究体系。王小龙、杜强、衡卫峰等（2018）回顾了美国联邦政府内部控制建设的发展历程，总结出美国内部控制的主要内容和突出特点，并在此基础上提出以内控制度推动财政管理体制改革、加快财税信息化建设等完善我国政府内部控制的重要启示。

#### 1.2.2.2 政府部门内部控制的理论分析

对于政府部门内部控制的概念框架体系，学者们主要从内部控制理论框架构建、内部控制要素、内部控制本质与原则等方面进行了阐释。董仕军（2003）认为财政部门内部控制从广义上讲包括财政管理的全部，而狭义的财政部门内控机制是内部监督与管理相分离。罗飞（2003）认为财政部门内部控制是以最大限度实现财政目标为目的，以该财政目标为导向，对财政收支建立有效的监督控制机制，以便及时发现并纠正财政收支活动中存在的问题和偏差，适时调整相应计划和政策的一系列管理活动的总称。江其玟、陈良华、胡幽妍（2011）指出财政部门内部控制是以风险管理为目标的一系列程序和制度的总和。它是以公共财政为指导思想，对财政整体运行中预算的编制、执行以及各项内部业务流程进行监督和控制的全过程。谢志华（2009）、杨清香（2010）对内部控制的本质进行了探讨，提出构建内部控制概念框架的逻辑起点应当是内部控制的本质属性。樊行健、刘光忠（2011）充分吸收企业内部控制的理论框架以及相关学科的概念，总结政府部门在行政管理、公共服务、经济调节等方面的功能特性，并以此为基础构建了包括政府部门内部控制定义、目标、原则、要素等内容的概念体系。刘永泽、张亮（2012）在合理界定政府部门范围的基础上构建了包括目标、原则及要素在内的内部控制整体框架体系。张庆龙、高剑芹（2012）通过梳理国际组织关于政府部门内部控制概念的相关文献，结合我国企业内部控制的有益做法，将政府部门内部控制定义为政府部门及其内部职员所实施的以实现保证政府部门合法运作、维护公共安全、增强公共服务、提高财政透明度、有效应对风险危机并兼顾社会公平与效率为目标的全过程。唐大鹏、王璐璐、武威（2017）立足财政预算分析视角，并结合当前财税体制改革的特殊背景，从政府部门内部控制的目标、原则以及逻辑内涵三方面对内部控制的概念进行了综合阐释。郭晓林（2018）则提出以税收权力制衡思想、制度化建设以及财税信息化作为税务部门内部控制建设的三大支撑系统。

#### 1.2.2.3 政府部门内部控制的现实考察

实践方面，我国政府部门积极开展内部控制建设成绩斐然，但是也存在很多问题。一些学者以政府部门内部控制的不足之处为出发点，提出了相应的政策建议和改进思路。郎正清（2006）客观分析了加强政府内部控制的必要性，并指出一些政府部门责任人对内部控制不够重视、风险预防不到位、执行手段不科学。陈林（2009）以公共受托责任与控制、内部控制间的关系为基础，指出政府绩效审计过程中存在内部控制认识不足、内部控制目的偏离以及内部控制标准化不完善等问题。茆晓颖、孙文基（2010）总结出我国近年来财政内部控制改革取得的积极成效，并针对当前内部控制改革过程中存在的主要问题提出要进一步提高对内部控制必要性的认识、明确内部控制的重点等完善内部控制的对策建议。宗文龙、魏紫、于长春（2012）通过对财务人员进行问卷调查的方式分析了事业单位体制存在的问题，主要表现在事业性业务收入、工程项目及“小金库”三个方面，针对此问题，必须增强事业单位内部信息的公开透明化程度，实施重大事项集体决策制度。陈永平（2012）认为行政事业单位内控意识相对薄弱、内控制度不完善、会计基础薄弱，因此应当增强行政事业单位内部控制意识，加强内部控制制度建设。管永昊、周文玲（2013）指出地方财政部门内部控制的主要问题集中在思想认识不够、制度设计不完善、执行不到位等方面。在此基础上，他们认为必须提高对内部控制重要性的认识，同时强化内部控制的操作性和监督力度。余华（2014）以湖南省部分地级市的行政事业单位为研究对象，同样采用问卷调查的方式对这些单位业务层面内部控制情况进行了统计分析，认为目前问题主要存在于预算、收支、采购及资产的控制和管理方面，并在此基础上针对性地提出了改革行政事业单位内部控制的一系列政策建议。

#### 1.2.2.4 不同视角下的政府部门内部控制探讨

对于政府部门内部控制的研究呈现视角多样化的特点。杨雄胜（2006）立足自我控制论、控制过程论、控制系统论以及控制要素论等较为宽泛的管理学背景对内部控制加以考察。蔡吉甫（2007）立足产权的视角，探索性地将制度经济学中的产权理论引入内部控制研究，并对内部控制本质、对象目标等相关内容进行重构。吴勋、张晓岚（2010）则从风险管理与内部控制相融合的视角进行分析，提出面向风险管理的公共部门内部控制理论架构，并尝试性地诠释了内部风险控制异质性的假设，即事业发展目标的非营利性、组织机构的公立性、事业发展的公益性等。郑素芬（2010）则基于审计视角探讨分析了政府内部控制与政府审计之间的辩证关系。柳光强、田文宠（2011）对新公共管理理论、公共部门内部控制理论进行了梳理，从新公共管理理论的视角出发，分析了企业内部控制理论对公共部门内部控制的启示，并提出完善我国公共部门内部控制的建议。张庆龙（2012）尝试性地探讨整合公共受托责任、政府治理与政府部门内部控制之间的关系，进一步明晰构建政府内部控制的理论基础。曹越、黄灿、单铁霞（2014）将政府的主要职能界定为产权职能，政府在提供并界定产权结构的同时也相应确定了其公共受托责任的规则。落实产权保护制度，就必须以内部控制体系的有效执行和反馈作为保障。

#### 1.2.2.5 政府部门内部控制评价研究

随着政府部门内部控制的不断深入和发展，学者们也逐步开始关注政府部门内部控制的评价。徐国强、朱宇、李宇立等（2010）以某省部分行政单位、高校和医院作为研究对象，采用问卷调查所得的数据，通过实证方法对内部控制进行了研究。田志刚（2011）构建了包括 4 个能力成熟度等级、14 个关键财政风险控制域在内的地方财政内部控制能力成熟度模型，为进一步从定量的角度分析地方财政内部控制提供了科学的测评思路与路径设计。李连华、唐国平（2012）认为应将“效率”这种定性的评价指标作为一个量的比较概念运用到内部控制的评价体系中，从而提高评价结果的准确性和信息量。李思昊（2014）将灰色评价模型充分应用于政府内部控制评价研究之中，结合 COSO 报告按照企业内部控制五要素标准将政府部门内部控制分为内部环境、风险评估、控制活动、信息与沟通、监督管理 5 个要素作为一级指标，同时将政府内部管理的各个环节分为二级指标，运用李克特五级量表（Five - point Likert Scale）设计的方法对内部控制的影响进行测评，并且引入灰色评价模型，实现了内控评价的一大创新。

唐芬艳（2014）以政府内部控制质量评价的内涵及研究现状为切点，充分借鉴发达国家的先进经验，设计出涵盖评价目标、评价主体、评价内容等内容的内部控制质量评价体系。陈文川、黄凯颖（2015）则采用 ANP（网络层次分析法）确定政府部门内部控制指标权重以及有效性综合得分，以期为政府部门提供决策科学、执行坚决、监督有力的自我评价运行体系。陈文川、余应敏（2015）以需求方作为评价的起点，从主客体、标准、思路、方法目标和监督等方面构建了政府内部控制有效性评价的理论框架。唐大鹏、吉津海、支博（2015）结合我国行政事业单位的自身属性，对现有行政事业单位内部控制评价模式进行梳理和适用性分析，提出内部控制的整合模式，并在此基础上展开单位组织层级和业务层级内部控制评价指标的设计。王晓燕（2016）将企业内部控制的整合观应用于政府部门内部控制，从整合观的理论基础深入探究，通过对要素风险点进行分析，找寻政府内部控制存在的问题，并对政府内控进行有效性评价；与此同时，在整合观视角下建立了一套新的评价系统，以要素观为基本框架，兼顾目标观和缺陷观，全面反映政府部门内部控制情况，为内部控制评价体系提供了新思路。唐大鹏（2017）则从预算分权观的角度评价了当前中国政府内控的主要问题在于预算监督主体不健全、内部责任主体之间协调能力差、缺乏独立自主性和工作效率低下等方面，并以此为基础，进一步提出和构建了一套新颖的内部控制机制。云虹、陶金凤（2017）构建了包括控制环境、风险评估、控制活动、信息沟通、监督评价5个一级指标，管理理念、员工素质、组织结构、预算管理、采购管理、资产管理等二级指标以及若干个三级指标，在内的政府部门内部控制评价指标体系。

这些丰硕的研究成果为政府部门内部控制的发展起到了重要的推动作用，也为本书的研究提供了良好的素材与参考。

### 1.2.3 文献述评

通过对现有文献的总结梳理可以看出，国外政府部门内部控制的发展完善与政府立法是一个彼此推动、互相促进的过程。一方面，立法推动了政府部门内部控制的建设；另一方面，政府部门内部控制环境和内容发生变化又进一步迫使法律进行不断的修订以适应新的要求。因此，经过长期的发展与积累，国外政府内部控制的相关法律指引比较完善，内容涉及政府部门内部控制的概念、责任主体以及内部控制的范围等方面。一些国家以法律的形式或者在法律范围内确定政府部门内部控制的责任，在各级政府部门有效推行内部控制，通过明确的相关法规进行配套指引。国外政府尤其重视政府内部控制内部审计管理。目前，世界上很多国家都以法律形式明确规定了政府部门必须建立内部审计制度。同时，国外政府部门内部控制通过吸取企业内部控制的先进理念和改革经验，引入其核心理论和重要方式方法，政府部门内部控制理论框架日趋完整，并为政府部门内部控制实践提供重要的理论基础和实践参考。

相比而言，我国政府部门内部控制的法治化程度相对较低，致使政府内部控制的理论研究缺乏科学规范的配套指引作为指导。至今仍未建立完整的政府部门内部控制理论框架，这更加剧了理论界对于政府部门内部控制研究范围不明确、研究脉络缺乏系统性的混沌状态，延续了实务界缺乏科学理论而问题重重的困难局面。此外，国内学者对于政府部门内部控制的理论研究较多，专门研究财政部门内部控制的文献相对不足。当前国内大多数研究集中于地方财政部门内部控制的概念内涵、控制要素、控制方法与原则等理论架构。这些分析仅仅是对国外政府部门内部控制框架体系的移植与照搬，而未能结合我国特殊的国情和制度背景来深入研究探讨地方财政部门内部控制的特质以及与地方财政管理之间的关联性，致使某些理论阐述牵强、思路混乱。因此，对财政部门内部控制含义和组成要素的研究深度有待拓展。

另外，国外机构和研究学者更关注政府部门内部控制的实践研究和评价探讨，在定性分析的基础上通过建立政府部门内部控制模型进一步阐述内部环境、风险评估、控制活动、信息与沟通以及内部监督等要素之间的内在联系与运行规律，得出建设性的意见，为政府部门不断完善内部控制建设提供重要的现实依据。同时，他们善于运用最新的分析方法和实证模型，以政府机构相关评价准则为依托，对政府部门内部控制的实施状况进行有效性评价，其研究方法具备更强的检验性和逻辑性，而我国现状描述性分析多，定性分析少。学者们对于现状的研究大多是以问题描述的方式展开的，缺乏来自实际部门内部控制实施状况的相关数据分析。因此，对于问题的严重程度无法用科学统一的标准具体衡量，只能是以定性分析作为现阶段考察的主要方法。由于缺乏客观的定量评价作为有效支撑，现状考察也只能是表面的，难以剖析问题之间的联系和相互影响。针对问题提出的改善建议和政策措施与当前的实践操作脱节，使得有些设计方案和想法只能是纸上谈兵，难以实行。

与此同时，从所收集到的文献来看，大多学者都是从财政部门内部控制的理论框架、构成要素、实施现状等单一角度进行的研究，未形成对地方财政部门内部控制产生根源、运行机制、实施条件、控制层面等问题的全面梳理。地方财政部门内部控制是包括设计、执行和评价在内的一个不断完善的动态过程，它们之间存在着必然的内在逻辑性和关联性。现有的研究则多以内部控制评价模式的选择、内部控制评价设计为主，或者只从评价的角度提出完善的建议，而没有分析设计、执行和评价三者之间的关系。理论界对于政府内部控制的定义还未形成统一规范的认识，也没有理顺地方政府部门内部控制和行政事业单位内部控制的区别与联系。尽管这些文献为地方财政部门内部控制的研究做了很好的理论铺垫，但理论研究还不够深入，仍有巨大的发展空间。

## 1.3 研究思路、方法和框架

### 1.3.1 研究思路

本书以地方财政部门内部控制为研究主线，基于当前亟待加强和完善地方财政部门内部控制制度建设的客观现实，对国内外相关文献进行了梳理，将企业内部控制理论的重要内核与地方财政部门的业务特点与运行规律相结合，构建“嵌入式”地方财政部门内部控制的框架体系，结合问卷调查的实证分析和典型案例归纳总结我国地方财政部门内部控制的普适性问题及困境，并以整体视角对地方财政部门内部控制设计、执行、评价的形成路径进行完整的优化设计，完成提出问题——理论分析——现实考察——优化设计的探索（见图1－1）。

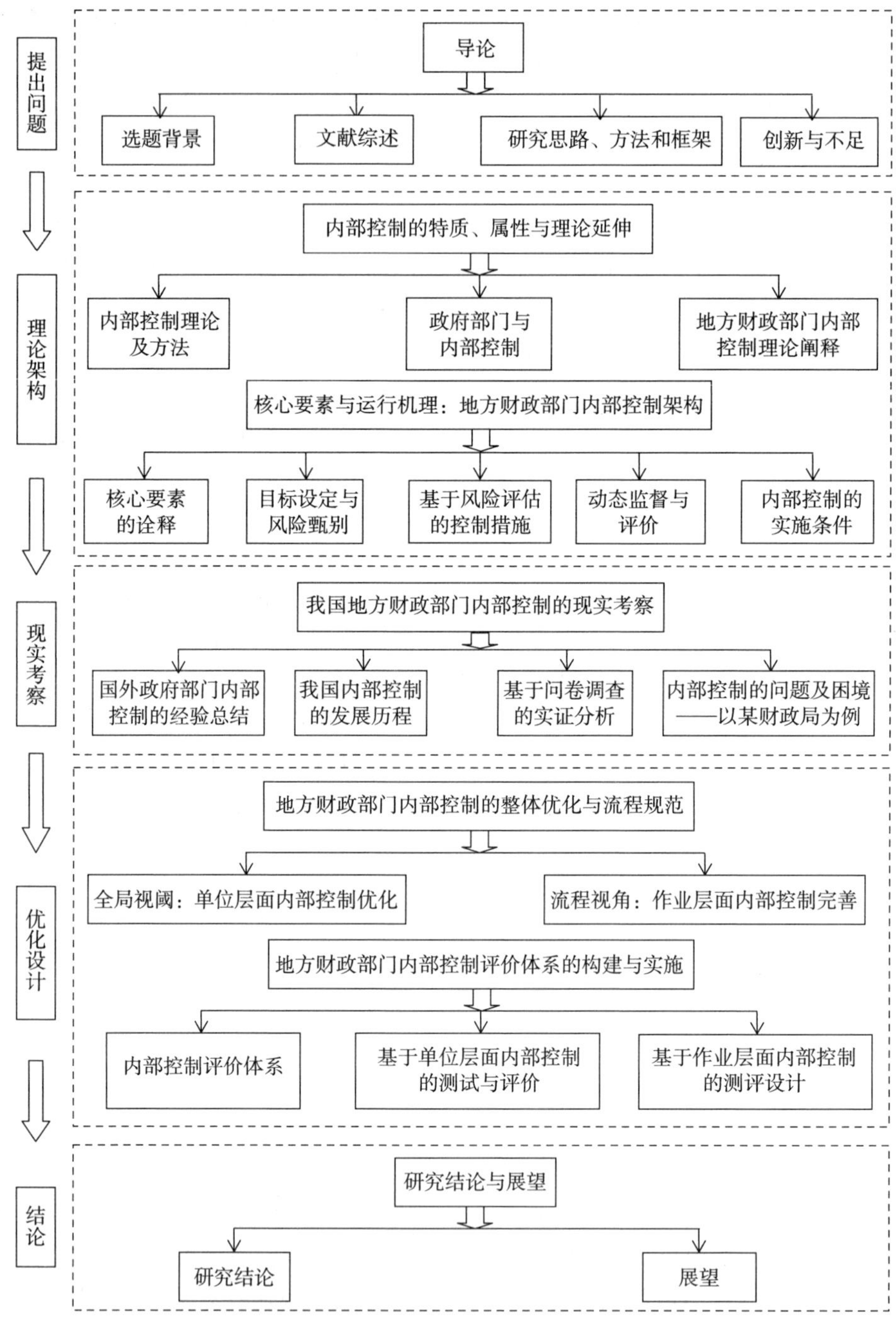


**图 1-1　地方财政部门内部控制研究框架**

（1）提出问题。现阶段，财政部门内部控制理论研究相对滞后，对于地方财政部门内部控制的本质属性认识不足，难以正确把握地方财政部门内部控制的运行规律，同时内部控制体系不完整，内部控制评价缺失，从而无法对地方财政部门内部控制的实施过程进行判断和有效指导。实践方面，地方财政部门内部控制制度松弛、机构职责不清、监督乏力等现象普遍存在。这些问题影响并制约了地方财政部门内部控制的进一步发展和完善。因此，当前亟待加强和完善地方财政部门内部控制研究。

（2）理论分析。通过对内部控制定义、本质、原理和方法的一般性分析，总结归纳内部控制的核心内容，梳理政府部门与企业内部控制的关联性，从公共受托责任理论出发，重新定位政府部门内部控制的功能与作用，并结合地方财政部门行政管理的特殊性，构建“嵌入式”地方财政部门内部控制的理论框架，在此基础上进一步对地方财政部门内部环境、风险评估、控制活动、信息沟通和内部监督五大核心要素进行诠释，并将其整合于地方财政部门单位层面和作业层面的财政管理活动之中，推理演绎基于目标设定、风险甄别、控制措施及监督评价等重要环节在内的地方财政部门内部控制运行机理。

（3）现实考察。在总结国外政府部门内部控制先进经验的基础上，对我国内部控制的发展历程进行了简要回顾，通过问卷调查的形式收集掌握来自于不同层级地方财政部门内部控制实施现状的资料和数据，采用李克特量表的设计方法，将问卷抽样调查的样本进行数据赋值，并运用统计软件进行实证分析。根据实证结果梳理和判断不同要素之间的相互影响，以及职级、年龄、学历、单位层级与内部控制建立实施的关联程度，掌握不同层级地方财政部门内部控制实施的整体状况，并以某财政局为例进一步深入分析其内部控制建设过程中的问题及困境，为地方部门内部控制制度的优化和完善提供充足的现实依据。

（4）优化设计。以设计、执行、评价的完整视角对地方财政部门内部控制进行全面的优化设计与探索。结合地方财政部门内部控制的问题，从地方财政部门单位层面组织架构、组织发展战略目标、组织文化和人力资源政策等方面进行优化设计，针对作业层面财政预算管理、政府采购业务、政府债务管理、国库集中支付管理等主要业务的流程和关键环节提出完善内部控制的具体措施，并依据不同层面的特点及信息来源的差异性，进一步提出以单位层面定性评价与作业层面定量分析相结合的地方财政部门内部控制评价体系的构建思路。

### 1.3.2 研究方法

本书采用比较分析法、归纳演绎法、理论与实践相结合、规范分析与实证分析相结合、调查法等研究方法。

(1) 比较分析方法：从立法程序、政府部门主体责任等方面对国外政府部门内部控制与我国政府内部控制的实施状况进行比较；同时对比分析了企业内部控制与政府内部控制的关联性，提炼地方财政部门行政管理的特殊性和实施内部控制的复杂性，为本书的深入研究理清思路。

(2) 归纳演绎法：总结归纳内部控制的一般性规律和核心思想内容，结合地方财政部门行政管理的特殊性、内部机构设置的复杂性等特点，构建地方财政部门内部控制理论框架，进一步推理演绎地方财政部门内部控制的运行机理。

(3) 理论与实际相结合：通过对内部控制定义、本质、原理和方法的一般性分析，总结归纳内部控制的核心内容，立足地方财政部门行政管理的特殊意义以及实施内部控制的复杂性，构建地方财政部门内部控制的理论框架；以此为基础对地方财政部门内部控制的实践状况进行考查。

(4) 规范分析与实证分析相结合：运用规范分析方法构建地方财政内部控制理论框架，并在此基础上借助科学的统计软件，运用恰当的分析方法，对收集到的数据和指标进行实证考察，通过分析变量之间的关系，得出必要的实证分析结果。

(5) 调查法：以实地交谈、问卷、个案研究、测验等科学方式以某省范围内的地方财政部门为样本，对其内部控制的实施现状进行有计划的、周密的和系统的调研，并对调查搜集到的资料进行分析、综合和归纳，以此作为现状分析有力的数据支撑。

### 1.3.3 框架结构

第1部分，导论。该部分主要概述了研究背景与意义、文献综述、研究思路和框架以及可能的创新与不足等。

第2部分，内部控制的特质、属性与理论延伸。该部分通过对内部控制定义、本质、原理和方法的一般性分析，总结归纳内部控制的核心内容，梳理政府部门与企业内部控制的关联性，从公共受托责任理论出发，重新定位政府部门内部控制的功能与作用，并结合地方财政部门行政管理的特殊意义以及实施内部控制的复杂性，进一步构建“嵌入式”地方财政部门内部控制的理论框架，阐释地方财政部门内部控制的概念特征，清晰界定主体和客体，理顺内部控制目标与组织不同层次之间的关系，并提出地方财政部门内部控制应当是一个设计科学、执行到位、监督有力的动态系统。

第3部分，核心要素与运行机理：地方财政部门内部控制架构。该部分对地方财政部门内部环境、风险评估、控制活动、信息沟通和内部监督五大核心要素进行诠释，并将其整合于地方财政部门单位层面和作业层面的财政管理活动之中，推理演绎基于目标设定、风险甄别、控制措施及监督评价等重要环节在内的地方财政部门内部控制运行机理，同时进一步提出财政信息化程度的提升、地方财政部门内部控制制度与财政管理体制的协调以及内部审计工作的完善是促进地方财政部门内部控制制度建设的重要条件。

第 4 部分，我国地方财政部门内部控制的现实考察。该部分在总结国外政府部门内部控制先进经验的基础上，沿着内部控制的起步、企业内部控制的日趋完善、内部控制引入政府管理以及地方财政部门内部控制积极推进的发展路径，回顾了我国内部控制的成长历程。通过问卷调查的形式收集来自不同层级地方财政部门内部控制的资料和数据，运用统计分析方法探寻数据背后的规律，掌握各级地方财政部门内部控制实施的整体状况及内在特征，并以某财政局为例进一步深入分析其内部控制建设过程中的问题及困境，为地方部门内部控制制度的优化和完善提供充足的现实依据。

第 5 部分，地方财政部门内部控制的整体优化与流程规范。该部分结合地方财政部门内部控制存在的问题，以单位层面和作业层面两个视角提出相应的改进措施。单位整体层面主要从地方财政部门组织架构、组织发展战略目标、组织文化和人力资源政策、决策审批制度、财政信息系统以及会计机构与财务报告等方面进行优化。作业层面则结合财政预算管理、政府采购业务、政府债务管理、国库支付管理、财政资金运行及行政事业资产管理等主要业务活动，针对各项业务的流程和关键环节提出完善内部控制的具体设计。

第 6 部分，地方财政部门内部控制评价体系的构建与实施。该部分针对地方财政部门内部控制评价缺失的现状，尝试性地提出分层面评价的设计思路；对地方财政部门内部控制有效性分析进行理论界定，全面梳理整合观下的内部评价模式，并提出实施内部控制评价的具体流程；在此基础上，结合不同层面内部控制评价之间的关联性，从单位层面的定性分析角度判定地方财政部门内部控制成熟度水平，以作业层面业务流程的定量考量视角整理来源于各项记录的客观证据，并最终得出地方财政部门内部控制评价的综合性结论。

第 7 部分，研究结论与展望。该部分主要是对本书的概括性总结及简评，通过理论框架、实践考查和动态评价的分析，阐述地方财政部门内部控制建设的相关结论，也对地方财政部门内部控制未来研究的方向进行展望。

## 1.4 创新与不足

### 1.4.1 可能的创新

本书可能的创新之处在于将内部控制理论的重要内核充分合理地引入地方财政管理，立足地方财政部门的公共受托责任和行政管理的特殊性，构建“嵌入式”地方财政内部控制理论体系，并推理演绎地方财政部门内部控制的运行机理，从单位层面的全局视阈和作业层面的流程视角，全面分析并优化地方财政部门内部控制的设计、执行和评价。以下三方面支撑了这一新的分析框架：

（1）将内部控制理论扩展和拓深至财政部门。内部控制理论来源于企业组织，简单的移植和照搬并不可取。本书从内部控制理论产生的作用原理和方法基础入手，总结归纳内部控制的核心内容，梳理政府部门与企业实施内部控制的共同之处在于内部控制的产生基础、实施目标及运行条件；结合地方财政部门行政管理的特殊意义以及实施内部控制的复杂性，诠释地方财政部门内部控制的概念、主体和客体及控制的层次性，指明地方财政部门内部控制应当是一个设计科学、执行到位、监督有力的动态系统，构建“嵌入式”地方财政部门内部控制的理论框架，旨在对内部控制理论进行的有益延伸和拓展。

（2）推理演绎地方财政部门内部控制的运行机理。组织结构不同，其内部控制的运行原理也会有一定的差异。本书充分借鉴企业内部控制的核心要素，并与地方财政单位层面的整体环境和作业层面的业务活动融合。地方财政部门内部控制是在组织整体环境的约束和影响下，以地方财政部门发展战略目标设定为逻辑起点，通过对单位层面和作业层面进行风险甄别，及时采取有效的控制措施，结合必要的监督评价而形成的自我管理和自我防范的动态循环过程。本书通过演绎地方财政部门内部控制的作用机理，进一步理顺各要素之间的彼此联系及单位层面与作业层面的相互关系，从而更加准确地把握地方财政部门内部控制的内在规律。

（3）以单位层面的全局视阈和作业层面的流程视角全面审视地方财政内部控制问题。作为一项新的制度安排，地方财政部门内部控制应当包含设计、执行、评价三大环节，单对某一方面进行研究都是不完整的。因此，本书从地方财政部门单位层面组织架构、组织发展战略目标、组织文化和人力资源政策等方面进行优化设计，针对作业层面财政预算管理、政府采购业务、政府债务管理、国库支付管理、财政资金运行及行政事业资产管理等主要业务的流程和关键环节提出完善内部控制的具体措施，并依据不同层面的特点及信息来源的差异性，进一步提出单位层面定性分析与作业层面定量测评相结合的地方财政部门内部控制评价体系的构建思路，从而对地方财政部门内部控制设计、执行、评价的形成路径进行完整的优化设计与探索。

### 1.4.2 不足之处

地方财政部门内部控制研究是内部控制在政府领域的重要尝试。地方财政部门内部控制起步相对较晚，同时受作者自身知识储备和逻辑判断能力所限，本书的研究还存在进一步改进的空间。地方财政部门内部控制的建设处于发展初期，相关的研究文献和案例资料有限，因此以问卷调查的形式来获得实践部门内部控制的信息，可能使现状分析稍打折扣，对于某财政部门内部控制所做的实例分析也有待进一步深入。同时，内部控制研究涉及控制学、内部控制学、会计学、管理学、财政学等多学科的相关知识，受到知识层面限制，对内部控制的本质分析以及地方财政部门的会计学研究略显不足。另外，由于作者缺乏在地方财政部门工作的实践经历，对部分问题的理解可能存在一定的偏差。这些都将是作者在以后的研究中继续深入探索和加强的地方。

# 2

# 内部控制的特质、属性与理论延伸

相对于经典的企业内部控制理论而言，政府部门内部控制起源时间较晚，发展水平相对滞后，但是丰富的企业内部控制研究成果与实践经验能够为政府部门内部控制研究提供客观的理论基础和实践参考。地方财政部门是政府职能部门中进行地方财政管理的特殊机构，地方财政管理的特殊性决定了地方财政部门内部控制是政府治理机制的形成基础和有效保障。

本章旨在分析和提炼企业内部控制理论的重要内核，梳理政府部门与企业内部控制的关联性，并以公共受托理论、控制理论等基本理论为指导，立足地方财政部门特有的内部治理结构复杂、影响范围广等内部治理结构特征以及实施内部控制的复杂性，进一步构建地方财政部门内部控制理论体系。

## 2.1 内部控制理论及方法

内部控制理论的应用范围越来越广，从企业集团、上市公司、商业银行逐渐延伸扩展到政府部门、行政事业单位以及非营利组织。之所以能有如此广泛的应用价值是因为它拥有一整套完整的框架体系，并且以控制论特别是经济控制论为基础，是一种形之有效的管理工具。因此，只有充分了解掌握内部控制理论的核心思想、方法及其局限性，才能更好地移植和吸收内部控制理论的重要内核，并将其科学地运用于地方财政部门内部控制的研究之中。

## 2.1.1 概念范畴和本质属性

### 2.1.1.1 内部控制的概念

内部控制[①]从字面来理解，“内部”是指某一范围以内，“控制”乃驾驭、支配之意，掌握住使活动不超出一定的范围和界限。从管理学角度看，最为经典的控制定义来自1908年法国人H. 法约尔，“控制就是要证实一下各项工作是否都与已定计划相符合，是否与下达的指示及已定原则相符合。控制的目的在于指出工作中的缺点和错误，以便加以纠正并避免重犯”[②]，其实质是一种管理控制，是有效执行组织策略的必备工具。因此，内部控制是以组织内部为界限范围，为达到组织单位的某些特定目标而实施的用于制约及调节的方法、程度及计划的总称。

国内外机构和学者也从各自的角度形成了对内部控制的不同观点与看法。美国COSO委员会于1992年发布了《内部控制——整合框架》，将内部控制定义为由公司董事会、管理者和公司内部员工共同设计实施的，以为财务报告可靠性、相关法律法规遵循性和经营效率效果提供保证为目标的管理过程。加拿大控制基准委员会（The Canadian Criteria of Control Board）以下简称（COCO委员会）于1995年制定的《控制指南》并没有使用内部控制的概念，而是以“控制”作为替代，认为控制是为了达到企业的目标而将资源、系统、过程、文化、任务等要素结合在一起的一个整体。COSO整体框架中内部控制的目标有三个：第一目标是对外公布的各种财务报表和数据的可靠性；第二目标是营运的效果和效率；第三目标是对相关法律法规和合约的遵循性。1999年英国公司内部控制工作小组发布的《内部控制：联合准则的董事指南》将内部控制视为一个系统，其中包含了政策、过程、任务、行为和一个公司的其他方面。我国分别于2006年6月和9月颁布了《上海证券交易所上市公司内部控制指引》《深圳证券交易所上市公司内部控制指引》，并于2009年7月1日起在上市公司范围全面施行《企业内部控制基本规范》，这些规定都将内部控制描述为以上市公司董事会、监事会、管理人员以及公司全体员工为主体的，以实现公司战略目标为方向而对公司相关战略计划的制订及生产经营活动中存在的风险进行管理的制度安排。李凤鸣（2012）认为内部控制归根结底是在企业内部实施的各项制约和调节的组织、方法、计划、程序的总称，而这一系列活动都是为了达到提高经营效率和合理配置及使用现有资源的管理目标。池国华、樊子君（2013）则言简意赅地将内部控制

---

① “内部控制”一词是从英文名称“Internal Control”直接翻译而来，而“Control”在大英百科全书的解释是指通过对行为进行限制来实现既定的目标。

② 杨雄胜．内部控制的管理渊源解析：管理学的视角［J］．中国会计师，2006（4）：71－75.

定义为确保实现企业目标而实施的程序和政策。李心合（2013）认为内部控制是以有效防范控制公司各类风险而构建的一整套涵盖公司所有经营业务和财务活动在内的牵制体系（见表2－1）。

**表2－1　　内部控制概念及评价**

| 年份 | 研究者 | 研究视角 | 基本观点 | 简要评价 |
|---|---|---|---|---|
| 1992年<br>2006年<br>2009年 | COSO深圳证券交易所财政部 | 全员参与 | 将内部控制看成一个动态的过程 | 强调了内部控制是全体成员共同参与实施的动态过程 |
| 1995年 | COCO | 要素组合 | 控制是一个企业中的要素集合体 | 内部控制由资源、系统、过程、文化、结构和任务等要素结合在一起 |
| 1999年 | 英国公司内部控制工作小组 | 控制程序 | 将内部控制看作一个系统 | 内部控制是一个包含政策、过程、任务、行为以及公司其他方面的系统 |
| 2006年<br>2013年 | 上海证券交易所李心合 | 风险管理 | 内部控制有助于防范和控制风险 | 突出内部控制是为了实现企业战略目标而进行的风险管理 |
| 2012年<br>2013年 | 李凤鸣池国华等 | 实施目的 | 内部控制的实施是为了确保企业目标的实现。 | 将内部控制的实施与企业目标联系起来，注重内部控制的实施目的 |

资料来源：根据相关文献整理而得。

总体来看，各国权威机构和研究学者从自身角度出发形成了对内部控制的不同看法和认知。但是，这些概念的共同之处在于：

第一，实施过程的动态性。随着内部控制的不断发展和完善，人们对内部控制概念的认识从起初的控制程序、控制政策的静态理解角度，逐步转变为从过程、行为的动态分析视角。因此，将内部控制看成一个组织不断自我改进和完善的动态发展过程，能够更加清晰地把握内部控制的内涵。

第二，参与主体的广泛性。内部控制的实施必须由一定的主体来承担，也就是说内部控制的设计最终还要体现为具体的执行。因此，“人”是内部控制中最重要也是最活跃的要素，只有“人”可以将所有其他的要素进行有效组合，从而使各要素相互作用、相互配合以实现组织的控制目标。因此，内部控制的有效执行离不开组织范围内所有员工的广泛认同和积极参与。

第三，实施的目的性。无论将内部控制视作“一个管理过程”“一个整体”“一个系统”还是“企业要素的一个部分”，都不会脱离一个前提条件，那就是组织的目标。内部控制的目的是为组织目标的实现提供合理保证，如果没有组织的目标，内部控制必将失去其作用和意义。

第四，要素的整合性。一个组织要实现正常的运转和存续就必须将各种资源和要素进行整合，而内部控制就是为提高组织自身的运行效率而主动地、自发地对要素进行整合，依靠所有人的力量去实现工作目标的过程。

#### 2.1.1.2 内部控制的本质属性

要想理清内部控制的本质属性，就必须从内部控制的具体来源进行分析。内部控制起源于企业组织，体现着一定的组织关系。现代企业理论认为企业是一组契约的集合，组织是各种资源的结合体。它们具有一定的目标，并在适当的时期内持续存在。组织在一定程度上是由其领导层以层级制方式来协调的①。

根据企业理论，企业的建立就是作为主体的所有者、经营者、劳动者及政府部门等多个利益主体，为了从企业未来的生产经营活动中获得并分享价值增值而签订平等合约，并以生产要素的形式参与组织运行的过程。也就是说，企业是通过契约形式建立密切关系，为了获取利润的最大化，企业的管理层之间通过签订合约，来确保企业内部人员各方利益平稳发展，以期达到实现企业最终发展目标的同时满足各大利益主体的实际需求。在此过程中，签订企业条约的目的是保证各参与者所享有权利及履行义务的平等性。当这种契约关系建立起来之后，为了保证各方参与者既定目标的实现，就必须建立起一套严密的科层组织制度，明确各方责任，将任务进行分解并以自上而下的方式在不同层级之间进行有效传达，确保所制定的政策能够全面有效地执行。在委托代理的过程中，企业只有建立一套行之有效的自我管理和自我监督机制，才能更好地约束利益各方的具体行为，从而保证利益相关者的合法权益得以充分实现。内部控制的实施就可以将这个想法变为现实。同时，随着企业组织规模的不断扩大和业务活动的发展，企业的内部环境和外部条件都会发生相应的改变，企业相关利益者的各种诉求也将随之变化。因此，企业各要素之间的契约关系是一个不断调整的动态过程，作为对各种契约关系的保障机制，内部控制也必然进行必要的改变和调整以适应新的要求。同时，为了能够及时有效地洞察组织内外部环境变化引起的契约关系的改变，内部控制还必须进行自我修复和自我调整。具体而言，内部控制是一种有效的监督，通过掌握企业组织各利益相关者的信息来综合判断当前契约关系所产生的变化以及可能出现的风险，并对具体的影响因素进行剖析，采取有效措施进行自我修复和调整。由此可见，企业组织所特有的契约关系决定了内部控制是一种对不同利益主体之间关系的制衡以及权力的约束和监督。与此同时，企业组织实行科层管理制度，从而形成了不同要素之间的委托代理关系。为了激励代理人更好地履行委托责任，企业组织还采取多种措施激励代理人。所以，内部控制的本质还

① ［德］柯武刚，史漫飞．制度经济学：社会秩序与公共政策［M］．韩朝华译．北京：商务印书馆，2000．

表现为对组织员工的有效激励。

基于此，内部控制的本质体现着企业组织特有的契约关系，是为了提高企业契约关系的内稳性而进行的自我修复和自我调整的完善过程。也就是说，当企业各利益相关主体之间所建立的契约关系比较稳定时，内部控制就能够确保企业组织如契约签订时各方利益主体期望般地顺利运行，从而保证企业发展目标的实现，满足利益相关者的各种利益诉求。如果企业组织内外部环境发生变化，企业契约关系的稳定性势必受到影响，这就要求内部控制及时有效地甄别出这些改变以及可能带来的风险，并采取有效的措施加以防范，使企业适应新的环境并不断向前发展。

### 2.1.2 内部控制的构成要素

内部控制是为了保证组织目标的实现而对组织内部人员及其行为实施的控制活动。因此，内部控制必须与明确的主体相联系。也就是说，内部控制来自于一定的组织范围。宽泛而言，组织为了实现其目标而催生了加强自我管理和自我防范的内部控制，人们对于内部控制的认知则因为所处角度的差异而有所不同。实际上，对于内部控制的认知过程就是对于内部控制系统要素的具体划分过程。从整个内部控制的演进历程来看，内部控制的构成要素在内部控制完善的过程中得到了充分的丰富和发展。具来而言，内部控制经历了“三要素”“四要素”“五要素”阶段，正在向“八要素”发展，并且内部控制目标逐渐明确清晰、构成要素越来越丰富。近年来，我国企业内部控制建设取得了很大进展。为了更好地规范和指导企业内部控制，2009 年 7 月，《企业内部控制基本规范》正式实施，提出内部控制五大要素应当包括内部环境、风险评估、控制活动、信息与沟通和内部监督。

（1）内部环境。作为内部控制要素中的基础，内部环境联系和影响着组织范围内其他所有的资源要素。根据企业契约关系的特点，内部控制具体包括：企业组织机构设置，比如组织的内部治理结构，具体包括不同层次的管理层之间的权限分配以及员工的具体责任划分等。不同的企业组织其组织机构设置也会有差异。组织结构设置的目标就是将组织发展的各项任务活动具体到每个人，通过对权力的有效约束和牵制来提高企业的管理效率，保证企业各信息来源畅通无阻。组织战略发展目标，每个组织都有其存续和发展的目标，只有建立了明确的目标才有实施内部控制的意义和必要性。人力资源政策，比如企业的人员招聘计划、员工培训方案以及职务晋升的具体实施细则等人事政策。同时，对于关键性岗位的员工还应当考虑实行定期岗位轮换制度或是强制性休假制度。企业文化，包括公司所有员工的风险管理与控制意识，遵守相关法律法规的法制性意识，经营管理人员的诚信意识和道德规范等。

（2）风险评估。组织为了更好地发展，一般都会制定组织战略发展计划和目标，而目标的确定必然伴随着风险的产生。风险就是受到不确定因素的影响而导致组织目标发生偏离的可能性。因此，风险评估就是一个制定测评计划，判断风险类型，分析风险存在的问题，总结问题并找寻解决方案，以期降低风险的过程。企业的风险评估是要以企业发展目标的确定为前提，系统地分析企业在实现战略目标的过程中可能产生的各种风险及其影响程度，并采取有效的控制措施进行风险规避，从而使风险降至组织可承受范围之内，实现企业的可持续发展。风险评估是一个涵盖目标设定、风险甄别、风险分析等多个重要环节在内的有机整体。对于企业组织而言，要想实现可持续发展目标，就必须设定企业关于生产、经营、销售及财务管理等各方面的战略目标，然后根据这些目标设定相应的风险管理机制，明确企业可能面临的各种内外部风险。在此基础上，采用科学的方法评估并测算企业的固有风险、剩余风险以及各自的成本收益，通过运用有效的控制措施使企业的剩余风险降至企业可承受范围，从而实现风险的合理规避。

（3）控制活动。根据企业风险评估的结果需要采取有效的应对措施对风险进行防范，这个过程就是控制活动。它是风险应对的具体过程。根据不同的风险类型和来源，应当选择不同的控制方法来预防风险。常用的控制方法包括组织目标控制、不同管理层级的控制、会计控制、授权审批控制、程序控制以及不相容职务分离控制等。这些方法都很重要。

（4）信息与沟通。信息是有关企业组织生产、经营、销售等各项工作的执行状况、会议记录、原始凭证等相关内容。为了保证信息在企业内部不同管理层次之间、部门之间以及员工之间的畅通传递，加快与企业外部其他组织之间的信息交流与共享，企业应当建立完备的信息沟通渠道。由此可见，信息与沟通是建立和实施内部控制的必要条件。具体而言，对企业经济业务的有效确认、准确计量以及完整记录，将企业生产经营状况的相关信息真实可靠地在财务报告中充分反映，建立有效的内部汇报程序和信息共享平台等内容都是信息与沟通的重要环节。

（5）内部监督。为了更好地了解和掌握企业内部控制的实施和执行情况，必须进行内部监督和评价工作。内部监督是组织进行内部控制的重要保证。有效的内部监督评价能够及时发现内部控制在执行过程中所存在的薄弱环节，并对这些问题和不足采取合理的措施进行控制，从而不断提高内部控制水平，实现预防风险的管理目标。同时，内部监督的形式主要包括日常监督和专项监督。日常监督是针对企业常规性工作的监控，而专项监督是企业对于重大事项的特殊监督过程。

由此可见，内部控制五要素是相互影响、相互联系的有机统一体。其中，内部环境处于整个内部控制体系的最底部，发挥着基础性的作用。相反，内部监督处于最顶部，它是针对其他四个要素实行的自上而下的单向检查，是对内部控制实施具体效果进行评估的全过程。风险评估和控制活动处于中间位置，风险评估是企业采取控制活动的依据。当企业通过一定的技术手段找出影响企业战略目标实现的各项因素，并对潜在的风险进行定性和定量的评估测算后，应针对这些风险制定出相应的应对策略，及时采取预防和控制措施，最大程度减少风险可能带来的损失。信息与沟通在这五要素中处于一个承上启下、沟通内外的关键地位。

### 2.1.3 作用原理与方法拓深

#### 2.1.3.1 内部控制的作用原理

内部控制是以控制论和经济控制论为理论基础的科学方法。控制论是以机器、动物和人类为研究对象，研究其内部通信、调节与控制一般规律的科学。作为控制论的创始人，诺伯特·维纳（1948）将控制论看作研究机器和生命社会中控制和通信一般规律的科学，其主要的研究点在于分析动态系统在不断变化的环境下如何保持平衡和稳定的状态。他认为，在一个完全封闭的闭合系统中，总是存在着熵①增加的趋势，而要想使系统保持平衡稳定的状态，就必须对其施加一个用以克服组织降低自然趋势的作用力量，这种作用力量就是控制作用。控制的目的主要表现在两个方面：一方面是保持系统原有的内稳状态，当系统发生了偏离，就必须施加作用力使其恢复稳定；另一方面是引导系统朝着预期的方向发展。

由此可见，内部控制正是根据同构性系统都适用自动控制的原理而建立起来的。内部控制是系统化的制度体系，是组织自律管理的行为，通过制度体系约束行为，成为组织防范抵御风险的一种本能。内部控制制度体系对于一个组织有机体而言是嵌入所有组织事项流程的组织免疫系统，使之具备抵御和防范风险的功能，这个功能是通过一定的理论框架、方法、程序以及人的行为组合来实现的，以达到自动防御和高度敏感反映的风险防范效果。自我检验与控制的机制具有普遍性和一般性的特点，它适用于任何单位和过程，也就是说，构建和实施内部控制对于单位或过程的性质没有特定要求，所有单位都可以构建对自身内部进行检测的自检系统。

#### 2.1.3.2 内部控制的方法

内部控制是一个有组织的系统，它可以根据外界的各种变化不断对自身进行调整，排除干扰因素，保证系统总是处于某种稳定的状态。因此，“控制”也可

---

① 熵是指一个系统中“无秩序”的程度，也是表征生命活动过程质量的一种度量。

以被看作保证系统在不断变化的外部环境下实现某种目的的调节或联系行为。组织单位内部控制则是一项复杂的动态过程，它要采用多种经济控制方式，才能实现最终的控制目标。最常见的方法包括：

第一，分级控制。任何一个经济单位作为社会生产管理系统的组成部分，都应该采取分级控制的管理办法。在实际操作中，往往将一个分级控制系统划分为若干个分级控制的子系统，由决策单元组成递阶形式，其级次与时间尺度成正比，即级次越低，相应的时间尺度就越短，反之亦然。在分级控制系统中，信息是通过自上而下的优先次序进行传递的，上一级的决策信息将形成下一级的行动指令。每一级受控层次都与整体系统保持受控目标及行为的协调一致性，借助于各子系统之间的关联实现每一级受控层次之间的控制和调节。

第二，目标控制。在任何一个社会中，所有组织都具有明确的目标。实施内部控制的目的就是要克服外界随机因素的干扰，保证组织目标的顺利实现。但是，受到这些因素的影响，实现目标的过程中总会出现或大或小的偏差，要想减少或消除这些偏差，就必须进行调节。实施目标控制，需要将控制目标和对应变量参数的限制条件预先从外部输入控制系统，以事先设定的预知信息变量作为目标而不断改变控制变量的过程，它具有自适应性，即当外部环境以及受控对象的特性等情况发生变化时，目标控制可以相应地做出调整，使组织不断回归正确的发展轨道。

第三，程序控制。所谓程序控制，就是对于具有重复性和规律性的业务，根据客观要求，为其制定一套标准化的处理程序作为行为准则，从而保证在处理该类业务时有科学固定的参照标准可依。进行程序控制可以在很大程度上减少工作中的无序性，在明确权责的同时降低工作中的错误率，有利于单位按照规范及时有效地处理各项具体业务。程序控制的关键是实行牵制控制，这是在设计程序时必须遵守的原则。内部牵制就是由不同的人来具体负责一些相互关联且不相容的职务，以达到互相牵制的目的，比如对一项经济业务的授权批准职务与执行职务实行分管。

基于此，无论是政府机关，还是企业、事业单位，任何单位以及单位内部的管理过程都是由相互作用、相互影响，且具有耦合关系的各要素集合而来的。这些要素依靠一定的因果关系连接在一起，这种管理过程与社会经济过程、生物系统以及技术系统都具有同构性，生物的自我调节原理和支柱设备的自动调节原理对它们同样适用。

## 2.2 政府部门与内部控制

地方财政部门作为政府行政机关中专门负责地方财政管理工作的机构，通过对地方财政收支活动所进行的计划组织、协调、监督和控制，运用财政制度、政策和一系列措施对地方财政经济运行过程进行综合性、科学性管理。也就是说，地方财政部门内部控制就是对地方财政收支活动进行控制，实现资金最大利用率，从而降低财政预算中存在的财政赤字等风险状况。作为一种管理活动，地方财政管理在管理中既要遵循一般经济管理原理，又要考虑到地方财政部门与其他非政府部门的差异。因此，梳理政府部门与企业内部控制的关联性，立足政府部门的公共受托责任，分析地方财政部门内部控制的特殊性和复杂性，是进一步建立地方财政部门内部控制理论体系的逻辑起点。

### 2.2.1 政府部门与企业内部控制的关联

#### 2.2.1.1 产生根源：委托代理关系

根据企业理论，企业的建立就是作为主体的所有者、经营者、劳动者及政府部门为了从企业未来的生产经营活动中获得并分享价值增值而签订的契约关系。当这种契约关系建立起来之后，为了保证各方参与者既定目标的实现，就必须建立起一套严密的科层组织制度，明确各方责任，将任务进行分解细化，形成各部门的具体责任和员工的具体任务，从而确保所制定的政策能够全面有效地执行。在任务的层层分解过程中便形成了委托代理关系。通常企业内的委托代理关系有两种：所有者与经营者之间的委托代理、经营者与员工之间的委托代理。企业的所有者在市场中寻找合适的经营者并与之签订合同，建立委托代理关系。经营者作为受托人，通过对企业日常生产经营活动的管理为企业及所有者谋取利润，当经营者经营不善导致企业业绩不佳时，所有者有权终止该委托代理关系而寻找更具有经营管理能力的受托人取而代之。由于企业中的这种委托代理关系是明确的、具体的，委托人是特定的主体，委托人可以更加有效地监督代理人的行为，以使其符合委托人的意志。

委托代理关系在公民与政府之间以及各政府机构之间也同样存在。在这种委托代理关系中，公民处于委托人地位，政府居于受托人地位，政府机构接受公民委托而成为其公共代理人，代为实现公民的公共需求和利益，履行公共管理和公共服务的受托责任。同时，政府又将各项具体的管理事务进一步委托给政府各职能部门，比如财政部门、司法部门、教育部门等。因此，由于内部控制内生于组织的委托代理关系，政府部门也同样具备实施内部控制的条件。

#### 2.2.1.2 实施目的：风险管理

任何一个组织为了自身的存续发展，必定会设定组织战略目标。在实现目标的过程中，难免会遇到各种不利因素的影响或发生不确定性事件。因此，为了帮助企业有效地识别和应对风险，就必须建立内部控制制度。按照管理学的观点，企业的目标是追求企业价值的最大化。企业价值直接决定了企业组织在整个市场经济中的核心地位，并且充分反映了企业创造社会财富的能力。企业价值越高，企业契约关系中的各利益主体就能获得越多的收益。因此，企业价值是各方利益的重要保障。只有企业创造更多的财富才能更好地满足和协调利益主体之间的关系，实现企业的可持续发展。企业为了实现其自身的发展，将内部控制引入风险管理，通过对代理人的有效监督和激励以及风险点的识别与分析防范，以达到有效降低风险的控制目标。

作为一个组织，政府部门也同样拥有自己的目标。政府部门的目标是有效履行政府责任，不断提高政府行政能力，完成政府部门的既定任务。政府部门的既定任务就是依据政府的总体发展战略规划而建立的组织目标。同样，目标的确定和实现必然伴随着风险的产生。政府部门在履行其行政职能的过程中也会面临许多风险和内外部不利因素。经济社会的发展以及各项事业改革的不断推进对政府的行政能力提出了更高的要求。同时，日益复杂的国内环境也加剧了政府的风险。因此，有效识别和预防政府部门的各种风险，更好地履行公共受托责任，是政府部门内部控制的实施目标。

由此可见，无论是企业还是政府部门，任何一个组织都有实施内部控制、提升风险防御能力的内在需求。只有从风险产生的根源进行有效防范，不断提升自我修正和自我管理的能力，才能实现组织的可持续发展。

#### 2.2.1.3 运行条件：资源整合

无论是政府机构还是企业，都是由人员、任务、管理3个基本要素组成的单位。一个组织要实现正常的运转和存续就必须将各种资源和要素进行整合，而内部控制就是为提高组织自身的运行效率而主动地、自发地对要素进行整合，依靠所有人的力量实现组织目标的过程。内部控制归根结底是由基本要素组成的，这些要素及其构成方式决定着内部控制的内容与形式。受到国外企业内部控制的积极影响，针对我国企业内部控制的发展状况，我国出台了《企业内部控制基本规范》，该规范同时融合了COSO五要素和风险管理八要素的精髓。在该规范中，内部环境被界定为内部控制系统的保障性因素，风险评估和控制活动分别被界定为关键环节和重要手段，信息与沟通作为必要条件，内部监督作为基本保证，五大要素之间相互影响、相互促进，并以此为基础形成了内部控制的整体框架。

与此同时，政府部门管理的过程也是提高组织自身的运行效率而主动地、自发地对要素进行整合，依靠所有人的力量去达到工作目标的过程。在整个过程中，内部环境是重要的基础。政府部门通过组织机构的设置，明确各职能部门和人员的具体责任，制定有效的人力资源政策，营造积极的组织文化氛围，形成了整个组织的软约束环境。同时，为了保证目标的实现，各种政策和程序被用来对风险进行分析和防范，以达到风险管理的目的。信息的有效传递和沟通则是重要保证，政府部门一般会通过报告、会议、信息系统、文件通知等形式来获取信息资料。因此，政府部门也具备应用五大核心要素的客观条件。

### 2.2.2 基于公共受托责任理论的政府部门功能定位

受托责任是委托代理关系中的关键要素，它是伴随着委托代理关系的确立应运而生的。当委托代理关系正式建立后，受托人就必须以实现委托人的既定目标为己任，以严格遵循委托人意志为准则，尽自己最大的努力，采取一切经济有效的方法完成受托责任。

政府通过公共受托责任从公民手中获得公共权力，然后从中央政府到各级地方政府层层委托，直到最底层的普通公务员，于是形成了 3 种代理关系，即公务员对部门领导的受托责任、行政部门对立法部门的受托责任以及政府对社会公众的受托责任。三层代理关系形成了两个维度的公共受托责任，即内部受托责任和外部受托责任。具体而言，内部受托责任是指政府内部参与公共资源配置和使用的各个部门必须对整个政府所负的责任，外部受托责任是指政府就公共资源的经营作用和结果对全体公民所负的责任①。根据国家现行政治经济体制所划定的管理权限和职责范围，除海南省和直辖市为三级以外，地方政府以省级政府、地区级政府、县级政府以及乡级政府四级形式存在。地方政府从公民手中获得公共权力，在确保国家统一政治经济目标实现的前提下，因地制宜制定各地区经济建设和各项事业发展的计划，并保证计划的实现，以此形成外部受托责任。政府又将各项具体的管理任务委托给各个政府部门，而政府部门则将各项具体的工作和实务操作活动委托给政治家、行政家以及公务员。那么，这两级的委托责任构成了政府部门的内部委托责任。

与此同时，代理权在层层代理的过程中呈几何级数地被过度分解，委托代理链条不断增大。在市场经济中，由于存在信息不对称问题，委托代理关系中往往会出现“道德风险”和“逆向选择”。较之委托人，受托人对自身真实情况的了解程度更深，拥有更大的信息优势。同时，为了获得代理权，受托人也会倾向于隐瞒对其自身不利的信息，这种信息不对称导致委托人无法真实了解受托人的情况，一旦受托人获得了代理权，成为权力的直接行使者，就会出于“理性经济人”的本能而以实现自身利益最大化为目标，做出有悖于委托人意志的行为。此

---

① 张庆龙．政府部门内部控制：框架设计与有效运行［M］．北京：化学工业出版社，2012.

外，在层层代理的过程中委托代理关系越来越复杂，导致信息不对称问题加剧，随之加大了委托人对受托人责任履行的监督难度和监督成本，从而增加了委托人损失的可能性。

因此，政府部门的委托身份具有双向性、复杂性和动态性的特点。这决定了政府部门内部控制是以内部委托责任为主而建立实施的内部控制制衡机制。在政府部门内部建立行之有效的内部控制制度，旨在监督和约束组织内部受托人的行为，使政府部门各层级能够充分有效地履行其受托责任，从而为政府部门目标的实现提供合理的保证。

### 2.2.3 地方财政部门内部控制的特殊性及复杂性

地方财政部门包括地方各级政府所设的各省、自治区、直辖市财政厅（局），各县（市）、自治州、自治县、市辖区财政局，以及各乡、镇财政所，这充分体现了财政部门组织结构的纵向和横向结构特征。组织的纵向结构，是指财政部门组织体系内从省级财政部门到县乡财政部门以层级制为基础而确认的各层级间的垂直分工和权属关系。组织的横向结构，是指财政部门组织体系内以职能制为基础而确认的某一层级内各平级部门间的平等分工，比如地方辖区内同级的财政局之间，或者同级的财政分局之间。这样的一种特殊的治理结构，决定了地方财政部门无论是在行政管理方面还是内部控制实施方面均与其他组织不同。

#### 2.2.3.1 行政管理的特殊性

地方财政部门通过建立各项财政制度，制定相关的财政政策对地方财政经济运行过程进行综合性、科学性管理，从而实现地方财政管理的目标。整个管理过程呈现鲜明的管理特征：

第一，工作涉及面广、政策性强。地方财政部门的主要工作包括在国务院和各级人民政府直接领导下，编制各级地方政府的预算和决算，办理预算执行业务；根据国家的财政法令和财政政策制定各项财政业务规章制度、法规条例，管理各部门、行政事业单位、国防、外事等部门的财务；制定财务会计制度和管理法规条例，管理国有企业、事业和行政单位的会计工作；进行财政监督、检查，执行财经纪律；管理各项财政收入、预算外资金和财政专户以及政府性基金和行政事业性收费。由此可见，地方财政部门的工作头绪多，管理任务艰巨。同时，地方财政部门的各项工作都严格遵循国家的相关法律法规和程序，并按照国家和地方政府的发展战略有步骤有计划地制定和落实各项财政税收政策，以满足地方经济建设和社会发展的需要。这充分表明，地方财政部门的工作具有明显的政策导向性。

第二，组织结构复杂，管理难度大。随着地方政府职能的扩张和财政支出的迅猛增长，地方财政部门的结构和运行越来越复杂。地方财政管理从纵向上讲包括省级财政部门的宏观管理，市、县两级财政部门的中观管理以及乡镇财政部门的微观管理。同时，各级财政部门还要监督和管理直属的各行政事业单位及相关部门。另外，各级次的财政部门根据工作需要内设监察、预算、国库、绩效管理、资产管理、社会保障等多个职能处室，地方各级财政部门的组织结构简化如图2－1所示。由此可见，财政部门组织结构复杂，人员规模庞大，要实现各项工作的顺利进行和信息的上传下达，其管理任务艰巨。

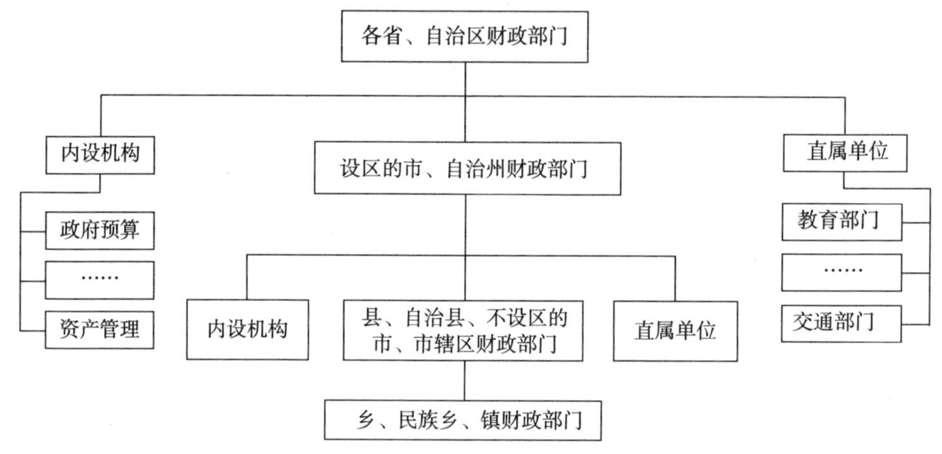


**图2－1 地方财政部门组织结构简图**

第三，需要协调和处理多方关系。地方财政部门是联系中央政府和地方各级政府，财政部门与其他政府部门、各企业之间的关系枢纽。因此，在实际工作中必须协调和处理这些复杂和重要的多方关系。在制定地方性财政制度、计划、决策时，一定要与国家的法规、制度、方针、政策和计划相配套，不能发生抵触。还要处理地方各级政府部门之间的关系以及各级财政部门之间的关系，根据地方政府的发展规划，合理分配使用地方财政资金，为各级政府有效履行公共受托责任提供有力的财力支持。还要通过制定有效的财政制度和扶持政策，维护公平竞争的市场环境，为辖区内的企业发展搭建良好的平台。

#### 2.2.3.2 内部控制实施的复杂性

与企业相比，地方财政行政管理的特殊本质进一步加大了地方财政部门实施内部控制的复杂性，具体表现为内部控制动力不足、委托代理关系不明、内部监督机制作用甚微以及内部控制实施难度大。

第一，委托代理关系模糊。企业内部的委托代理关系更加简单明了，职业经理人市场的存在使得企业所有者在选择经理人时拥有更大的对比性和更多的选择权，在企业的委托代理关系中，所有者与经营者之间地位平等，身份明确，因而所享有的权利和必须履行的责任义务也更加清晰明了。即使经理人在经营活动中出现道德风险问题，违背了所有者的意志，企业的所有者也可以对经理人采取有效的监督，并实施适当的惩罚措施。比较而言，地方财政部门的委托代理关系更加复杂，是一种特殊的、多层次的契约关系。在这种委托代理关系中，人民群众作为委托人拥有单位的最终权利，行政事业单位接受委托，依存于预算资金为人民群众提供必需的公共产品和公共服务，实现人民群众的公共利益。但是，作为委托人的人民群众概念抽象、身份模糊，具有不确定性，而作为受托人的财政部门拥有公共利益委托代理的绝对垄断权，委托代理关系中不存在竞争，这导致委托代理关系中权利与义务的不对等，从而使地方财政部门的行政行为具有更大的强制性、自主性和非拒绝性。如果其行为无法受到有效的监督，将很容易滋生腐败和权力的滥用，浪费财政资金，带来严重的社会问题。

第二，内部控制原动力不足。现代企业是一个独立责任主体。每个企业组织都有维系企业发展的内在动力。企业为了自身的存续和发展需要，往往会主动地去应用和实施内部控制制度，以此来更好地监督其委托人行事，最大限度地保证任务的完成。企业建立内部控制制度可以在更大程度上实现其资产保值增值的目标，提高经济效益，增强市场影响力。同时，内部控制的实施还有助于企业增强其管理水平，为利息相关者谋取更大的利润，创造更多的价值增值。因此，企业具有很强的内部控制的原动力。地方财政部门则是国家根据发展的需要而设立的职能部门，自身不存在存续和发展的压力，其目标就是有效执行地方财政部门的既定任务。地方财政部门建立内部控制体系的目的只是规范自身管理活动同时约束下级行政机关的行政行为，为完成组织的既定任务提供合理的保证。因此，地方财政部门实施内部控制的原动力不足。

第三，内部监督机制作用甚微。由于企业内部各主体身份明确、目标一致，股东、债权人的利益息息相关，出于提高企业经营管理水平和盈利能力的考虑，企业股东和债权人等会主动构建内部控制系统，积极开展内部控制相关活动。同时，作为公司的经理人，公司经营业绩的好坏将直接影响到其报酬的获得和自身利益的实现，因而必然以股东、债权人的管理目标为依据，自觉实施内部控制以加强企业管理，降低经营风险。这种利益的相关性和目标的一致性使得企业内部控制体系相对更加健全，如董事会、监事会、内部审计等监督机构的设置。地方财政部门的监督意识较为薄弱，内部监督乏力。根据国家规定，地方财政部门应当负责监督和管理下级财政部门以及直属行政事业单位的财务活动。因此，地方财政部门更多以外部监督主体的身份来实施各项管理活动。这必然造成地方财政部门缺乏实施自我监督的内在动力和治理压力，致使内部监督力度明显不足。

第四，内部控制实施难度大。相比而言，企业内部控制的可操作性比较强。

企业可以将其发展战略目标细化到各个管理层级和员工，形成具体的管理目标和明确 的行动目标，当发生问题时可以及时进行调整和修正，从而使企业更好地发展。地方财政部门组织机构复杂，包括内设机构、直属单位等。因此，地方财政部门不仅需要对组织内部各职能部门进行有效的管理，还要实施对直属单位和下级财政部门的财务监督和管理。尽管地方财政部门通过内部控制可以对组织内部的风险点进行有效排查和防范，但是对于来自于其他相关部门的业务活动风险则很难识别。受到各种不利因素的影响，地方财政部门不可能做到完全掌握和了解这些部门的预算管理、政府采购行为等重要业务活动的相关信息，在进行决策时难免会出现一定的偏差。因此，这些部门的管理缺陷和业务风险很有可能转移给地方财政部门。这就要求地方财政部门内部控制不但要完善自我监督和管理，还要通过业务流程的规范操作实现对其他相关部门的有效制约，其实施难度可想而知。

## 2.3 地方财政部门内部控制的理论阐释

作为内部控制理论的有益延伸和发展，地方财政部门内部控制应当是一个完整的理论体系。因此，应以企业内部控制重要的核心理论为基础，立足地方财政部门内部控制的特殊性，从整体性、系统性的角度分析和界定地方财政部门内部控制的内涵、要素及程序，进一步构建地方财政部门内部控制理论架构。

### 2.3.1 地方财政部门内部控制特质

#### 2.3.1.1 地方财政内部控制的内涵

国内外专家学者尚未对财政部门内部控制的概念给出明确统一的定义。董仕军（2003）认为广义的财政部门内部控制包括财政管理的全部，而狭义的财政部门内部控制机制是内部监督与管理相分离，以内部监督为主对管理进行内部再监督的一种机制，也包括财政部门内部各职能机构为加强内部管理而制定的各种程序性的制度。这种界定模式体现了内部控制与财政管理之间的关系。罗飞（2003）认为财政部门内部控制是以最大限度实现财政目标为目的，并且以财政目标为导向，对财政收支建立有效的监督控制机制，以便及时发现并纠正财政收支活动中存在的问题和偏差，适时调整相应计划和政策的一系列管理活动的总称。江其玟等（2011）则认为财政部门内部控制是以公共财政为导向，以加强财政管理、促进经济社会共同发展为目标，在整个财政运行过程中对预算的编制、执行以及其他业务流程进行管理监督的一系列方法、制度和程序的总称。2014年正式实行的《行政事业单位内部控制规范》（以下简称《规范》）中第三条将内部控制解释为单位为实现控制目标，通过制定制度、实施措施和执行程序，对经济活动的风险进行防范和管控。

通过对上述地方财政部门内部控制相关概念的梳理与总结，我们认为地方财政部门内部控制是由组织内全体成员共同参与实施的，通过制定一系列措施、程序和方法，不断优化组织整体环境，规范财政管理的各项业务活动，有效防范地方财政风险的动态过程。这一定义突出了内部控制作为行政管理有效途径的本质特征，内生于组织目标实现和财政管理的客观需要，是地方财政部门提高行政管理效率，保证财政资金安全、降低财政运行风险的有效制度安排。其特殊之处在于：

第一，主动控制。以往的制度都是通过上级政府的行政命令强制要求下级部门执行，这种制度约束下组织单位只能是被动地去执行，执行力度取决于外部监督的推动。内部控制则是地方财政部门在进行财政管理活动过程中系统自身主动的自我控制和自我防范，能激发组织的能动性，提高控制的有效性。

第二，层面控制。地方财政管理活动的烦琐以及地方经济社会背景的复杂性加剧了地方财政管理的难度。因此，可通过建立地方财政部门内部控制制度，使地方财政部门的整体环境不断得到优化，为作业层面财政预算管理、政府采购等各项重点活动的有效执行创造良好的条件。同时，应规范各项重点业务的流程从而实施对其他相关部门的有效约束和管理，从源头控制风险，不断提升地方财政部门防范风险的能力。

第三，动态控制。地方财政部门内部控制是涵盖制度设计、有效执行和监督评价等重要环节的不断完善改进的过程。一般来讲，财政活动的周期相对较长，因此在业务运行过程中，受到内外部不利因素的影响或是内部控制制度设计与执行效果的限制，内部控制不可能一步到位，需要对发生的失误与偏差进行必要的纠正与完善，这样才能不断提高内部控制的效率水平。

第四，全面控制。地方财政部门内部控制的全面性主要体现在内部控制实施的全方位、人员参与的广泛性以及业务流程的全面性等方面。全方位指的是内部控制制度的有效落实和执行除了包括各级财政部门之外，还涉及直属机构、银行系统以及相关企事业单位。与此同时，内部控制是组织范围内每个人的责任，需要得到全体人员的充分认可和广泛参与。另外，地方财政部门内部控制涵盖财政预算管理、政府采购、债务风险管理等财政管理业务的全过程和重点环节。

#### 2.3.1.2 地方财政内部控制目标

目标是人们从事某项活动想要达到的标准和一种预期效果。地方财政部门内部控制的目标就是建立内部控制制度所要实现的预期结果，它与地方财政管理目标有效关联，以实现地方财政管理目标为最终目的，是更为具体化和系统化的管理目标。总体控制目标又要结合组织不同的层次进行合理的分解，细化为不同层次的管理目标。《规范》中提出的内部控制目标为合理保证单位经济活动合法合规、资产安全和使用有效、财务信息真实完整，有效防范舞弊和预防腐败，提高公共服务的效率和效果，明显与企业内部控制的目标不同。这是地方财政部门内部控制最高层次的目标，也是总体目标。当前，地方财政部门发展战略目标应当以深化财政改革、完善财政政策、促进地方经济发展、提高财政管理水平作为地方财政部门的发展战略目标。在总体控制目标的指引下，结合地方财政部门不同层次特征和管理要求，进一步分解细化总体目标，制定出各层次具体的控制目标，为内部控制制度的设计和执行提供具体的方向和指导。

### 2.3.2 主体及客体的界定

组织运行过程中进行的所有活动是由具体的人来实现和完成的。内部控制活动也有具体和明确的实施主体。通过界定地方财政部门内部控制主体，可以明确各行为主体在内部控制实施过程中所承担的责任义务。随着政府部门实施内部控制的必要性和重要性日益增加，其主体范围也呈现不断扩大和多元化的趋势，涵盖了内部主体和外部主体两个方面。比如，2004 年最高审计机关国际组织（INTOSAI）在其颁布的《公共部门内部控制准则指南》（以下简称《指南》）中就重新界定了内部控制的主体，其中内部主体包括组织管理层、内部审计机构和全体成员，外部主体包括最高审计机关、立法机关、司法机关和其他组织。同时，该《指南》还细化了各行为主体在政府部门内部控制中的具体责任。从国外政府部门内部控制的实践经验不难看出，财政部和审计机构是政府内部控制重要的外部监督部门，通过制定内部控制的法律法规引导政府部门不断地发展和规范。因此，作为组织之外的监督力量，财政部和审计署以及立法部门是政府部门内部控制的重要参与机构，但不能替代各政府部门在其组织范围内建设和实施内部控制的责任。

基于此，地方财政部门内部控制的主体就是组织单位内部具体负责实施内部控制的责任承担，包括地方财政部门内部负责制定执行内部控制制度的全体成员，还包括组织内部控制监督审计部门以及外部审计机构。同时，由于内部控制包括制度设计、有效执行和监督评价三部分，相应地也产生了内部控制设计主体、执行主体和监督评价主体，而且为了保证内部控制的有效性，这 3 个主体必须相互分离。具体而言：设计主体是组织内部控制的决策层和管理层，负责组织内部控制制度的制定；执行主体就是组织全体成员，内部控制对组织范围内所有的成员都具有同等的约束力，所有人员不分层级都应该将内部控制的责任分工予以执行；而为了保证监督的独立性和有效性，地方财政部门内部控制监督主体应该由专门的内部控制评价小组或是内部监督部门来担任。同时，地方财政部门的横向纵向治理结构还决定了组织单位必须接受上级财政部门的外部监督，并实施对下级财政部门和其他相关部门的约束和管理。财政部、审计署以及立法机关作为政府内部控制的重要监督力量，也承担着规范和指导地方财政部门的重要责任。

主体不可能脱离具体的活动而单独存在。地方财政部门内部控制主体活动所指向的对象就是客体。明确客体范围可以清晰界定和了解地方财政部门具体活动的设计范围和控制重点，为内部控制制度的具体设计提供明确的范围。同时，从内部控制发展的整个历程不难看出，内部控制的范围从开始的会计活动控制逐渐扩展为单位的全部活动。1992 年 COSO 内部控制报告所使用的“内部控制—整合框架”充分表明内部控制不仅应包括财务管理的会计控制，还应将所有组织活动都充分整合其中。因此，地方财政部门内部控制的客体应当包括组织单位为了实现组织目标进行的一系列活动所指向的对象，财政资金的筹集、财政收支计划的安排、预算编制、会计、信息等，这些都属于内部控制的范畴。另外，内部控制是由人具体设计并执行落实的，而且每项活动都是由人操作的。作为内部控制体系中最重要的因素，人既承担着主体的责任，也是控制作用的客体对象。内部控制归根结底是通过一系列有效的政策措施实现的对人的控制。内部控制也是一种他律行为，实现对被控制者行为的有效约束。因此，地方财政部门内部控制的客体就是组织范围内的全体员工和组织的所有重点活动所指向的对象。同时，地方政府社会经济发展状况不断发生变化，地方财政部门信息化程度也会不同程度推进，这些不同的环境背景将会影响地方财政部门内部控制的客体范围。因此，内部控制的实施范围会随着地方财政部门具体活动的发展而有所变化和更新，具有动态特点。

### 2.3.3 内部控制的层次性

地方财政部门内部控制是在组织范围内实施、由全体成员共同参与的完整体系。内部活动贯穿财政管理活动的始末，涉及各个重要的部门和关键岗位，将组织部门的所有资源要素有机整合，形成了运行顺畅有序的系统。因此，在这个要素、程序、环节相融合的动态过程中，内部控制的实施目的、实施类别要取决于内部控制实施的具体层次（见图 2－2）。各财政部门的组织层级包括高层决策、中层管理以及基层执行这 3 个层次，内部控制通过与不同层次有效结合达到更好的实施效果。

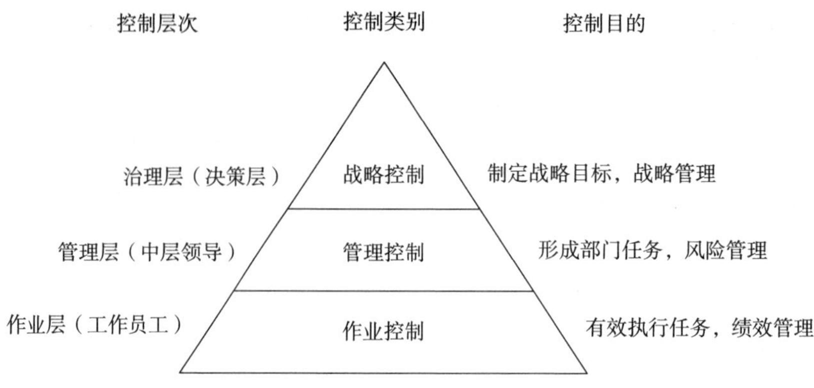


**图 2－2　地方财政部门内部控制层次结构**

### 2.3.3.1　治理层

治理层是组织单位的最高层次，也是组织的决策层，掌握着组织的最高权力，一般由组织的领导班子成员组成，负责组织单位的全面管理，研究制定单位的长远发展战略和总体目标规划设计，实施对组织的战略控制管理，并对组织内部重大问题进行决策。因此，治理层是整体组织的关键层次，决定着组织的发展方向，因为管理层和操作层所进行的管理控制和操作控制都是在领导决策的基础上进行的，如果治理层决策失误就会造成组织错误性发展在管理层和操作层面的延续，最终将会造成财政资金的损失和组织运行的失败。所以，对治理层进行的战略管理是地方财政部门内部控制中最高层次的控制，对组织内部控制的建立实施具有方向性的指引作用。

### 2.3.3.2　管理层

管理层是组织的中层管理机构，是连接决策层和执行层的纽带，既要深刻领会决策层制定的各项制度和决议，并将这些政策在各个职能处室进行有序的贯彻落实，又要对操作层面各项业务的具体执行情况进行管理，并在各部门之间进行必要的协调，同时还要将这些情况汇总向上级决策层汇报，以便决策层及时掌握更多信息和资料，进行科学的决断。因此，管理层是个承上启下的特殊层次。该层级实施的是各部门的管理控制，主要包括财政预算管理、财政资金的有效运行、财政信息化管理以及政府采购管理等，涉及各关键职能处室和岗位。该层级通过管理的相关部门负责人对业务活动的关键控制点和风险点进行重要管理、控制，有效落实对操作层面各项具体业务的管理、监督和评价，对出现的问题进行指导和纠正，及时掌握相关信息向上级领导层反馈。

#### 2.3.3.3 执行层

执行层是单位最基础的层级，所有任务和工作由执行层的具体人员来完成和落实。对操作层进行的控制，主要是监督员工是否按照规范的流程和程序进行操作，并确保各项任务的最终有效执行和完成，实现组织绩效管理的目标。地方财政部门执行层级主要涉及预算管理、财政收支、政府采购等重要业务活动。每项业务活动都有严格的业务流程和操作规程。在具体的操作过程中，员工应该具备相应的业务能力，并遵照具体的规范来执行各项任务。

可见，地方财政部门的三大层次在内部控制的过程中承担着不同的重要作用和职责，3 个层次的控制目标和管理目的都具有关联性。只有将控制目标、控制方法和控制层次有效结合，才能实现内部控制的最终落实。任何一个层级的失误都可能造成内部控制的中断，使得内部控制的效果大打折扣。因此，内部控制需要不同层级全体员工共同参与，各司其职才能保证内部控制的充分实行。

### 2.3.4 设计、执行与评价的循环

地方财政部门内部控制是通过对各项业务执行过程中的风险点进行有效的防控，从而实现对整个业务活动动态监督的过程。因此，完整的内部控制应该包括制度设计、有效执行和监督评价三大系统。这三大系统不断循环反复，使内部控制得以优化和完善。

#### 2.3.4.1 内部控制设计

地方财政部门进行内部控制的逻辑起点是如何根据地方财政部门的发展战略目标和管理目标，有效地选择和分辨重要的目标与业务活动作为控制目标，并以此为基础设计合理的制度和程序来实施内部控制，也就是确立控制目标和制定保证目标实现的各项制度，即遵循确定控制目标—整合控制流程—识别控制环节—制定控制措施的路径选择。

确定控制目标是建立和实施内部控制的逻辑起点，因为控制目标是制定具体的内部控制制度的方向和依据，控制目标不同，制定的控制政策和程序也有所不同，而且没有明确的目标，内部控制就无的放矢。因此，地方财政部门应当先根据组织的发展战略目标和组织的主要业务特点明确组织总体控制目标，总体控制目标是地方财政部门内部控制的最高目标和终极目标，再根据总体目标制定不同层次的控制目标。一般来说，决策层的控制目标比较宏观和抽象，管理层的目标综合性比较强，而作业层面的控制目标比较具体和明确，比如对某项活动具体金额的控制。之所以要确定目标，就在于地方财政业务复杂，内部控制不可能面面

俱到，只能选择对于组织来说最为重要的关键活动和环节进行控制，整合重要的控制流程，然后将所要控制的关键要素整合到具体的操作流程之中，结合各项活动和业务的特点，识别重要的控制环节，并针对关键的控制点制定不同的控制措施。

#### 2.3.4.2 内部控制执行

内部控制制度的作用还要通过具体的实施才能得以充分体现。执行过程在内部控制实施过程中发挥着基础性和关键性的作用。无论内部控制设计得多么完美，如果得不到很好的执行，也形同虚设。因此，内部控制关键在于如何执行，内部控制制度可能会由于个体差异而形成不同的结果。所以，为了减少因人员之间的差异而造成的影响，组织可以采取各种有效的措施和方法来提升地方财政部门内部控制的执行效果。作为行政管理机构，地方财政部门实行的是科级领导制度。在工作中，下级人员都要听从上级领导的指导和命令。因此，领导层对下级员工的影响是非常大的。组织领导可以加强对内部控制的主动学习和了解，并将内部控制意识贯穿到实际工作中，通过自己的可视行为来引导和影响下级员工；同时，在组织范围内进行定期的内部控制培训讲座和讨论，加强员工对于内部控制的理论学习，增进员工之间的心得交流，有效提升组织部门整体的内部控制水平，建立积极向上的组织文化，创造良好的内部控制整体氛围，提高人员进行内部控制的主观能动性。组织部门的管理者还可以开展一些内部控制知识竞赛，通过奖励的方式激发员工的积极性。组织还可以制定绩效考核机制，让员工明确自身的责任和工作目标，增强员工的责任心和创新精神，使他们严格按照组织的要求行事。另外，充分有效的监督制度也是内部控制执行工作的坚强后盾。地方财政部门的主要监督机构，比如财务部门、审计部门和内部监督机构对整个内部控制的执行过程进行有效监督，可以发现员工在具体工作过程中的不足和懈怠情绪以及执行不到位的情况，及时对这些问题进行纠正，不断提高内部控制的执行效果。

#### 2.3.4.3 内部控制评价

地方财政部门的各项业务活动涉及范围广，周期相对较长。因此，在业务进展的过程中，经济社会环境可能会发生变化，也可能会出现一些突发事件或是遇到不利因素的影响，从而造成内部控制制度的非平稳运行。同时，内部控制的设计可能受到领导决策以及制度制定者本人专业知识水平的限制，加上员工在执行过程中对于内部控制的理解偏差等也会造成内部控制实施效果与预期产生一定的偏离。可见，内部控制不是万能的，也存在一定的缺陷和软肋，如果不及时对缺陷进行纠正和弥补，很可能造成内部控制作用的弱化。所以，为了使内部控制达到更高的实施水平，就必须对内部控制的整个运行过程中的薄弱环节及时进行弥补和完善，从而使内部控制的实施效力不断增加。

内部控制评价就是对整个内部控制实施状况所进行的客观分析和有效测评。如果不能对内部控制执行效果进行评价和监督，那么内部控制的实施效果就不能得以真实客观地反映，也不能及时发现业务活动的不足，内部控制就会流于形式。因此，内部控制评价是内部控制最重要的环节，是组织内部控制的自我修正与完善。具体而言，地方财政部门内部控制评价是通过采用不同的方法，收集来自单位整体层面的相关信息和业务活动的各种会计凭证、文件记录等客观资料，建立科学规范的评价指标，运用恰当的评价方法对内部控制的有效性进行评价的过程。因此，评价系统的构建是一项复杂而又严谨的工程。内部控制评价监督主体应与设计和执行主体相分离，一般由内部控制评价小组或是组织部门指定专门人员负责。

评价工作也要遵循一定的程序。一是设计内部评价流程，明确评价目标。在众多的内部控制目标中选择重要的目标作为内部控制评价目标。二是根据评价目标收集重要的信息和资料，进行资料的归纳整理，形成有用的证据，作为评价的有力支撑。三是运用不同的方法对地方财政部门单位层面和作业层面进行具体的测试，收集来自单位层面的各项信息和来自作业层面的各种记录凭证信息，依据单位层面和作业层面不同的评价指标和评价方法进行评价，得出单位层面的定性分析结论和作业层面的定量评价结果，并针对已经识别的内部控制薄弱环节和缺陷，采取有效的措施进行修正和完善，完成内部控制评价报告。

由此可见，地方财政部门内部控制是包括设计、执行、评价三大系统在内的完整体系，也是一个不断修整改进、循环往复的动态过程。研究内部控制必须将三者结合起来进行，才能体现其系统性与完整性。三大系统相互联系、互动发展，共同影响地方财政部门内部控制实施的整体效果。

# 3

# 核心要素与运行机理：地方财政部门内部控制架构

运行机理是组织运行过程中各组成要素的结构、相互关系及作用，以及这些因素如何相互协调配合以产生影响、施展其功效的整个运行过程和规律。地方财政部门充分借鉴企业内部控制的核心要素，并融合与整个地方财政管理的全过程，形成了基于地方财政部门发展战略目标设定、风险甄别、风险控制以及监督评价等关键环节在内的地方财政部门内部控制动态循环系统。推导演绎地方财政部门内部控制的运行机理，可以辨析要素之间的联系，更好地把握地方财政部门内部控制的作用规律。

## 3.1 核心要素的诠释

内部控制是众多要素按照一定的运行规律耦合在一起的整体。这些要素的构成方式进一步决定了内部控制的内容与形式。当前对于地方财政部门内部控制的核心要素问题仍然没有规范性的结论，不同身份的学者从自身角度形成了不同看法。因此，为了更好地与企业内部控制理论衔接，可以借鉴有关企业内部控制要素与组织管理相融合的创新方式，将企业内部控制的核心要素与地方财政部门单位层面的环境优化和作业层面的流程规范融合，这样既有利于内部控制理论在地方财政部门的延伸和扩展，也将内部控制理论的重要内核与地方财政部门的管理特质有效契合，实现了内部控制的创新和发展。

### 3.1.1 内部环境

在我国，对于内部环境的不同理解散见于各组织机构的相关规定之中。《上海证券交易所上市公司内部控制指引》将企业的内部环境看作公司的组织文化以及其他影响员工风险意识的综合因素。《深圳证券交易所上市公司内部控制指引》则将内部环境定义为影响公司内部控制制度制定、运行及效果的各种综合因素；《企业内部控制基本规范》中内部环境被看作企业实施内部控制的基础。由此可见，尽管不同机构与主体关注内部环境的侧重点存在一定的差异，但是也有相同之处，那就是将内部环境视作联系的桥梁和纽带，所有的其他因素都与内部环境产生关联。

基于此，地方财政部门内部环境可以宽泛地理解为是对地方财政部门的整体工作程序和运行效率产生重要影响的各种要素。根据地方财政部门的行政管理特点和财政运行规律，地方财政部门内部环境应当包括组织机构设置、组织发展战略目标、政府的核心价值取向和组织文化，以及人力资源政策等。这些在组织范围内和全体成员之间所形成的整体氛围就是内部环境。这种软约束氛围为组织所有制度的合理设计与高效执行提供了一种可以依赖的基础。它决定了组织内部控制的格局，对风险评估、控制活动、信息沟通等其他要素有着广泛的影响，是内部控制最基本的核心要素。

地方财政部门的组织结构表现为地方财政系统各组成部分层级划分、空间与位置、排列秩序、信息传递方式以及各要素之间的相互关系，具体包括由工作职位、职能处室、层级结构组成的一个组织系统。财政部门一般内设预算处、国库处、会计处、政府采购处、财政监督检查处、机关党办等党政、纪检及具体业务活动处室。各级地方财政部门的单位责任人负责本部门的全面工作安排，各管理部门负责人承担其所在职能处室的管理职责。同时，地方财政部门还建立了相对独立的决策机制、执行机制和监督机制，形成了相互牵制、有序运转的财政管理系统。地方财政发展战略目标是以地方经济发展的现状水平和未来经济走势为重要依据，结合地方财政实际工作情况和地方财力状况而制定的未来一定时期地方财政部门的发展规划，为各部门的业务管理和具体活动提供发展方向和指南。

在市场经济条件下，政府对公共事务进行治理，履行公共受托责任，为整个社会的进步和经济的迅猛发展营造一种良好的制度环境。这种环境条件就是政府的核心价值观。党的十八大报告明确提出，我国要“建设职能科学、结构优化、廉洁高效、人民满意的服务型政府”。在服务型治理模式的引导下，必然会形成全新的、明确的政府部门行政价值取向，同时也有助于地方财政部门形成积极向上的组织文化。组织文化是经过长时间的发展在组织内部逐渐沉淀下来的，且可以影响组织的精神财富和物质形态。它对于员工的影响是潜移默化的，通过一种无形的约束力影响员工的价值观和行为偏好，深层次地激发员工的主动控制的动力，实现员工的自律和自控。与此同时，“人”的因素对内部控制的影响越来越大。Amold Schneider 和 Bryan K. Church（2008）将人看作内部环境众多因素当中最重要的要素。所有的工作和任务都是由人去完成和实现的。组织为了选拔优秀的员工，提拔和鼓励上进的员工，必须制定科学合理，并在组织范围内得到高度认同的人力资源政策。

综上所述，地方财政部门的内部环境为组织内部控制的建立与实施创造了一个基调和整体氛围，决定了与其他重要因素相互影响的方式，是内部控制最基础的关键要素。

### 3.1.2 风险评估

任何一个组织为了自身存续和发展的需要，都会设定组织未来的发展目标和方向，在实现目标的过程中势必受到很多不确定因素和不利条件的影响，组织的风险必然增大。因此，风险评估就是组织在实现目标的过程中对可能产生的风险进行甄别和系统分析，并依据风险产生的根源及时采取有效措施进行预防的过程。风险评估是当控制环境发生变化以后，为了保证机制的正常运行而降低风险的行为。在地方财政部门的运作过程中，往往存在着经济活动不合规、资金使用效率低下、财务信息虚假和负责人贪污腐败等财政风险。这就需要建立一个全面有效的风险评估机制，制定风险应对方案，以降低风险带来的损失。

#### 3.1.2.1 风险识别

风险识别是当组织设定发展目标之后对可能存在风险点进行的排查工作，是风险评估工作的第一步，所有的后续环节都是以风险识别为基础进行的。因此，风险识别最为重要。要根据组织设定的发展战略目标和具体的业务活动系统严谨地对风险点进行仔细排查。风险分析可以看作对风险的一种定性判断，主要是对目标设定下的具体执行环节进行风险排查，对组织单位不同层面的风险点采取科学的技术和方法进行判定，并将相类似的风险归为一类，比如哪些属于自然风险，哪些应归于社会风险、责任风险和财产风险等。对于不同类型和来源的风险，其分析方法以及采取的弥补措施也都不同，所以风险评估的成败就在于对于风险点的识别是否准确到位。

地方财政部门在履行职责的过程中会面临诸多风险。地方政府为了更好地扶持地方社会和经济发展，一般会制定发展战略规划，地方财政部门则根据具体的规划设计合理地安排财政收支活动，而在进行财政管理的过程中，诸多不确定问题的存在和一些突发性的、不可抗力因素的影响，可能会造成财政资金的损失、财政收支的失衡，如果风险不能得到有效控制，很可能危及地方政权以及社会的稳定。因此，应当充分结合地方财政部门的行政管理特点和业务运行规律，从源头上对风险进行有效甄别。具体而言，地方财政部门所面临的风险可以划分为单位层面风险和作业层面风险。之所以进行这样的划分，是因为不同来源的风险其识别方法与应对策略均有差异。

#### 3.1.2.2 风险分析

风险分析是在风险识别的基础上，对识别出来的组织单位可能存在的各种风险所进行的更深层次的分析，运用科学的方法和技术深入分析判断各项风险发生的概率及其影响程度，为风险应对提供充分的依据和结论支持。风险的影响程度主要是指风险引发的一系列问题或是受一些因素比如规模、进程以及风险持续性影响而对组织经营目标和发展目标的实现所产生影响的大小。发生的可能性就是风险可能发生的等级。风险的性质则表现为风险中主观的程度、风险是否来自于欺诈行为或是来自于复杂的、不正常的交易。进行风险分析时，可以单独分析每个风险，也可以将相互联系的风险放到一起来研究。在分析风险的影响程度时，无论是以个体的或是集合的形式来分析，都要明确。不同的风险之间可能会存在一定的联系，所以组织单位还应当重点关注风险之间的关联性和整体特征。

风险分析方法要结合组织机构设置、制度安排以及风险来源的差异严谨地选择。地方财政部门的风险首先来自目标的确定，发展战略目标定得高或低都会产生风险，因此要运用科学的方法对发展战略目标进行风险分析。基于发展战略目标，财政部门的风险要从单位层面和作业层面不同的视角进行有效甄别。对于单位层面来说，一般进行定性分析，主要以问卷调查、座谈会或是面对面交谈等方式来收集员工对于风险的认同程度以及在工作中规避风险的主动，在此基础上，由专家或风险评估机构进行风险等级评定；对于作业层面，则往往采用定量分析的方法，通过运用具体的数据模型，以大量的统计资料为依据进行定性研究，将风险的影响程度进行量化，减少人为因素的影响，形成客观的定量分析结果，然后与定性风险分析相结合，得出风险分析的最终结果。

#### 3.1.2.3 风险应对

在有效识别组织部门的风险之后，应当根据风险来源的不同及影响程度的差异，及时采取必要的措施对风险进行有效防控。对于一些高风险的活动，可以直接采用风险规避的方式，这是最有效、最直接的降低风险的方法。组织可以重新设定发展目标，并以此为基础制定各部门的具体目标和执行计划，提高限额标准和制度，这样可以避免和减少风险比较高的业务活动的发生。对于组织能力范围内可控的风险，可采用接受风险、维持现状的方式来控制。这些风险的波及范围相对来说比较小，即使发生，组织也有能力应对和处理。因此，这类风险一般在组织可承受的范围之内。对于风险比较高的活动，可以通过设置完善的流程和审批制度，以及对员工进行业务操作规范的培训等方法来防范风险，并尽可能把风险控制在组织能力范围以内。同时，向领导汇报工作时，应当尽可能地掌握更多的信息，提供更完备的能够证明业务进展的各项资料，使领导者或管理者进行决策时可以得到充分的、翔实的信息。对于一些经营性业务活动，组织则可以通过风险分担的办法将风险转移到不同的部门和机构。

### 3.1.3 控制活动

在明确组织内部控制目标的基础上，结合风险评估结果对各项风险进行有效的控制，可降低风险发生的可能性，为组织目标的实现提供合理的保证。有效的控制活动不仅可以及时应对组织单位的风险，还有助于充分贯彻与落实组织各项政策和规章制度。因此，地方财政内部控制的全过程就是对已识别的各项风险进行控制的过程。具体而言，控制活动主要通过相应的政策和各项规范的工作程序来进行。政策确定应该做什么，程序确定应该怎么做，使政策产生效果。在研究控制活动时，应当结合组织部门的管理特点和业务活动的运行规律，来制定相应的政策和程序。

政策是组织单位为了实现组织目标和规范管理而制定的标准化的行动准则和工作方式。地方财政部门的政策一般包括财政和税收制度、国库管理政策、社会保障政策、人事政策、政府采购政策、会计管理政策、资产管理政策等财政性法规政策。这些政策为规范财政管理创造了刚性的制度约束，也为各部门更好地执行各项任务指明了方向。政策一般以文件通知的形式在不同层级之间进行传达，然后通过各部门内部会议或口头沟通的方式进行员工间的交流。在整个政策传达的过程中，员工自身理解能力和信息沟通的影响可能会造成政策理解上的偏差。因此，还需要利用具体的工作程序来进一步强化政策的落实和管理。

程序是人们执行组织制度政策的具体行动，也是为进行某项活动或过程所规定的具体执行方案。任何一件事情的完成都需要按照流程有条不紊地进行，而程序就是帮助各项活动顺利进行的最好的途径。一般来说，对于不同的活动首先应该制定合理的政策，然后在政策的指引下根据各项工作的具体环节和流程安排形成稳定的具体行动步骤，即程序。因此，政策和程序密不可分，政策是程序的基础，程序又是对政策的具体细化和执行。地方财政部门是地方政府进行财政管理的重要机构，各项工作的具体开展都离不开规范的程序管理。只有制定了规范的工作程序，才能提高财政管理效率，减少人为因素或员工自身能力不足带来的不利影响。比如，一些地方财政部门制定了财政投资政策，为了有效落实和执行这些政策制度，单位组织同时也细化了财政投资评审工作程序，严格对按照预算安排的投资项目进行评审，凡是无预算的项目，一律不安排评审，通过有效执行程序，既避免了财政资金的浪费，也有效地预防了管理风险。

政策和程序是组织管理的有效方法和途径，而且二者有着紧密的联系。如果政策发生改变，程序也必然随之进行调整。因此，组织采取有效措施进行风险防控时，应当将政策和程序充分结合，既要考虑政策的合理性，也要注意根据政策而制定的具体程序能否有效推行。地方财政部门的控制活动就是部门机构内部根据风险评估存在的问题，对所出现的风险进行改善的过程，主要体现在利用经济手段，对地方财政预算、地方政府采购政策、地方国有资产管理以及地方财政收支预算进行统筹管理，从而降低财政风险，推动地方财政部门内部妥善管理，实现风险管理的目标。

### 3.1.4 信息与沟通

财政信息是有关各项财政工作的执行状况、文件资料、原始记录、凭证和数据等内容。及时了解和掌握财政信息是有效执行工作的前提条件和重要保证，也是决策层对组织重大问题和事件做出决策时的重要参考。财政信息的建设需要完善信息管理系统，及时收纳科学的、合理的、真实的数据，促进内部信息的传递交流，同时要更加重视各个地方财政局内部信息互通有无，加强下级财政部门与上级财政部门的联系，共同促进地方经济建设。

信息依据其不同的来源分为正式信息和非正式信息。一般而言，以私人关系和朋友交情获得的信息交流速度快，以沟通情感为主，可作为正式信息的一种参考。正式信息一般通过工作的正规程序获得，分为外部信息和内部信息。外部信息主要来自组织系统之外，具体包括国际国内经济环境、社会经济体制改革、各项政府政策、社会经济形势、其他政策部门等相关信息。内部信息则包括会计凭证、文件记录、报表等客观信息，以及加入主观因素的决策信息、指令信息和目标信息等（见图3-1）。

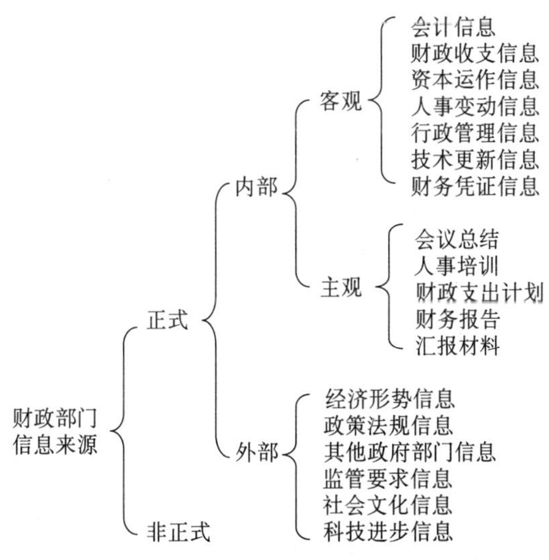


**图3-1 财政部门信息来源简图**

每一个组织都是各种要素组合而成的复杂系统。在其运行的过程中，之所以能够抵御外界风险并迅速恢复组织的平稳运行，是由于组织建立了一套及时获得、掌握和传递信息的收集和沟通方法。地方财政部门也依靠建立起来的信息沟通渠道，将各项财政管理活动的有关信息在不同层级之间进行及时有效的传递。同时，财政部门与组织外部各级政府部门、企业、监管部门、个人和新闻媒体之间进行充分及时的沟通和反馈，为各项业务的顺利进行提供重要的保证和条件。

财政信息的沟通和收集主要渠道包括组织内部报告和财税信息系统。为了更好地向上级领导汇报财政资金的使用情况、各项业务活动的进展程度等相关信息，需要将有用的信息以文件和报告的形式清晰明确地反映出来。因此，内部报告是相对正式的信息传递方式。准确地编制各项报告和文件，有助于财政信息在不同部门和管理层级之间有效沟通与传递，也为领导层做出正确的决策提供了真实可靠的依据。因此，内部报告的最大作用是将内部控制的相关信息整合成符合内部管理需求的信息，提炼出最关键的信息要素，从而提高信息的准确性。组织还可以通过已经建立起来的汇报程序在不同的职能部门和处室之间及时交流和传递有用的信息。在信息的沟通过程中，管理者可以将内部控制责任分配给关键岗位的员工，使员工在完成工作任务的过程中自觉主动地执行内部控制，并将业务进展的相关信息向管理层领导汇报。同时，管理层获得来自操作层面的客观信息，并对这些信息不断加工处理，生成决策层需要的指标信息，向上汇总和筛选的有用信息则能帮助管理者做出正确的裁断。

由于财政信息化程度的提高，财政信息系统也成为信息沟通不可或缺的有效途径。现阶段，地方财政信息系统是一个三纵三横结构的信息网络。其中，纵向三级包括省级财政信息系统，上联至财政部网络信息中心，下联到各市、县区财政部门；横向连接则包括各级财政预算单位、职能部门以及代理银行等组织，形成一个覆盖范围广、涉及业务全的复杂庞大的信息系统。信息系统一方面有效提升了财政信息的传递效率，使相关部门能够收集到真实可靠的财政信息数据，实现信息在各地方部门之间的及时有效传递，减少人为因素在传递信息过程中可能造成的不利影响；另一方面，组织员工还可以通过财政信息系统及时与各相关部门的经办人进行沟通和信息反馈，从而实现地方财政部门与直属单位、各级政府部门、企业等组织单位之间财税信息的及时共享和交流。

### 3.1.5 内部监督

内部控制是一个动态的过程，内部监督就是对内部控制制定、执行的全程跟踪和监控，可以及时发现管理中的问题，并运用有效的方法和措施予以纠正，使内部控制制度不断完善，以达到更好的运行效果。如果组织未进行有效监督，则出现的问题得不到及时纠正，会造成后续环节的连续失误，那么内部控制将流于形式，失去它应有的作用。因此，只有建立行之有效的内部监督，对内部控制的实施过程进行评价，才能及时发现内部控制的薄弱环节，采取有效措施予以弥补，从而不断完善内部控制制度，提高内部控制的有效性水平。一般来讲，根据内部控制的要求，由专门的监督检查机构来具体负责组织的内部监督和评价工作。内部监督主要针对组织各职能处室的财政收支计划执行、预算管理、财务会计信息、内部控制制度等所有财政管理活动的进展情况进行监控。

内部监督与其他控制要素之间有着紧密的相关性。地方财政部门的组织结构设置以及各个岗位的具体职责分工，组织文化的建设、员工的内部控制意识、人力资源政策等因素所形成的组织良好的工作氛围和内部环境，是财政部门内部监督得以顺利实施的环境基础。比如，组织各职能部门的管理层在进行部门管理过程中对于内部监督的重要性在部门范围内进行广泛传达，有益于各科室和业务经办人配合监督部门的定期检查和监督工作的开展。此外，监督部门对于业务活动所提供的定期检查可以及时发现问题并进行修正，为实现地方财政部门的发展战略目标提供必要的保证。同时，组织进行的风险甄别和风险分析可以为监督部门进行检查监督提供明确的目标，监督者可以针对不同风险进行有针对性的监督，对于风险等级较高的业务活动重点检查和监督，对于一般性风险可以进行日常监督检查。也就是说，组织依据得出的风险评价具体结果及时采取有效控制措施加以防范，再通过监督部门对风险评估的准确程度和控制活动的有效程度进行检查评价，对出现的问题提出建设性的整改意见并进行及时充分的优化调整，从而形成了一套组合严密、运行高效的控制循环系统。

内部控制监督机构通过汇报程序也获得了来自管理层和员工有用的信息。这些传达到监督机构的信息主要包括来自内部控制系统的变化或是日常突发事件。及时的沟通和交流对于有效监督是非常必要的。通过对组织整个内部控制过程进行跟踪和监督，可以提高财政信息收集的准确性以及不同管理部门和人员之间信息沟通的效率水平。通过组织良好的信息沟通与交流，内部监督部门获得了实施内部控制评价所需的各种有用信息，并以此为基础展开对组织内部控制实施状况的评价，及时发现内部控制执行过程中存在的薄弱环节和缺陷，认真分析产生这些问题的原因，并将分析过程和结果通过组织内部的信息系统或以报告的形式向上级领导及时反馈，决策层则可以根据实际情况制定新的政策和程序，逐步规范包括内部监督在内的各项管理工作。

由此可见，内部监督是内部控制制度顺利推行的重要保证。因为认识上的局限性和实际情况发生的变化或员工自身的不足，可能会使内部控制与预期之间产生偏差，同时地方财政部门组织发展带来的组织结构、员工素质、财政信息化程度的变化都会对内部控制的实施效果产生相应的影响，所以有效的内部监督和评价是及时发现内部控制的不足并进行纠正，不断完善和提升内部控制实施效果的必要环节。

## 3.2　目标设定与风险甄别

风险往往与一定的目标相联系，风险是组织在实现目标的过程中发生损失的一种可能性。地方财政部门风险是实现组织发展战略目标过程中所承受的各种风险，风险不同其产生的根源及应对措施也有差异。因此，有必要对地方财政部门的风险来源进行有效甄别和分析。

### 3.2.1　地方财政部门风险概述

严格来说，地方财政风险明显不同于地方财政部门风险。辨析二者之间的关系是非常必要的，因为两个层次的风险应对措施和管理方式都有一定的差异。对于地方财政风险问题，学者们展开了广泛深入的研究，但对于什么是地方财政风险以及如何防范地方财政风险看法不一。从现有文献来看，大多学者以财政收支、财政赤字等一般性思路来研究，比如地方财政赤字风险、债务规模等。也就是说，地方财政风险问题多与地方债务问题相关联。这些研究往往重视对财政风险表现形式的探讨，但是若要形成对地方财政风险的整体性认知，还须厘清在市场经济发展过程中政府的主体性质。

任何组织都会面临一定的风险，组织是风险最终的承担者。作为提供公共服务的主体，政府承担着依法管理国家经济、社会公共事务的重要责任。在行使权力的过程中，政府往往要制定各项政策和制度来实现对市场经济的有效调节和对社会的管理，保证受托责任的有效履行。因此，政府所承担的风险就是如何正确决策的风险，即“做什么”的风险。这些风险与一定时期内政府的发展战略目标和国家制度约束下的政府行政管理职能相联系。比如，政府性债务风险、金融保险行业的不良资产风险、政府性担保风险等，这些风险都是政府作为社会公共服务的主体必须要承担的，是政府公共责任和义务的充分体现。同时，政府将各项管理社会和调节经济运行的具体任务分配给各职能部门，比如，财政部门、司法部门、社会保障部门、教育部门等。这些部门在既定的地方政府发展规划和预算管理框架下，制定本部门的发展目标，履行行政管理职能，期间发生的风险都是“怎么做”的风险。比如，某政府部门发生意外财产损失，尽管这些风险应该由发生风险的政府部门自行承担，但是因为政府部门一般都是纳入政府预算管理的单位，如果哪个政府部门发生风险也是由财政来负担的，所以最终的风险都将转化为财政风险。另外，地方财政承担的除了法定的责任，还包括法律没有规定但是社会公众认为应当由政府来承担的责任。比如对农村合作基金会的破产清偿，虽然不是法定的政府责任，但是社会公众对于政府有所期望，认为该责任应当由政府来承担。因此，作为公共权力的行使者，政府承担着社会其他任何一个主体都无法承担的公共风险，以满足社会公众对政府的期望，实现经济社会的和谐发展。财政最终必然发挥最后的“兜底”作用。

地方财政部门作为专门负责地方财政管理工作的特殊部门，在既定的地方政府发展规划和预算管理框架下，制定本部门的发展目标，进行地方财政管理活动，在此过程中形成的风险是“怎么做”的风险，在这个层次上，地方财政部门承担法定的责任和义务。在此，本书所讨论的地方财政部门风险，是地方财政部门在进行财政管理的具体操作过程中产生的风险，不涉及地方政府作为公共主体承担的、最终转化为地方财政风险的公共风险。也就是说，内部控制所防范的风险主要来自地方财政部门，能够通过组织部门自身的制度优化和内部控制得以有效规避。

### 3.2.2 目标设定与风险管理

地方财政部门发展战略目标是以地方经济发展的现状水平和未来经济走势为重要依据，制定并执行的长期发展规划。当前，地方财政部门应当以深化财政改革、完善财政政策、促进地方经济发展、提高财政管理水平作为发展战略目标。

有了目标就必然伴随着风险，因此在实现地方财政部门发展战略目标的过程中必须排查和甄别所有的风险点。地方财政部门的风险分为单位层面风险和作业层面风险，在此基础上对所识别的风险采取不同的措施进行有效控制，同时结合全方位的评价和监督，形成地方财政部门包括目标设定、风险甄别、风险控制、评价改进等重要环节在内的风险管理循环过程。因此，地方财政部门内部控制的目的就是控制地方财政发展战略风险，具体表现为单位层面内部控制和作业层面内部控制（见图3－2）。

### 3.2.3 风险识别及分析

风险识别就是对风险点的排查和甄别，也可以视为风险的定性判断。风险识别即对当前或未来所面临的和潜在的风险进行判断、归类，并对风险性质进行鉴定的过程。地方财政部门面临的风险可以划分为单位层面风险和作业活动层面风险。之所以进行这样的划分，是因为风险的来源不同其识别方法与应对策略均有所不同。

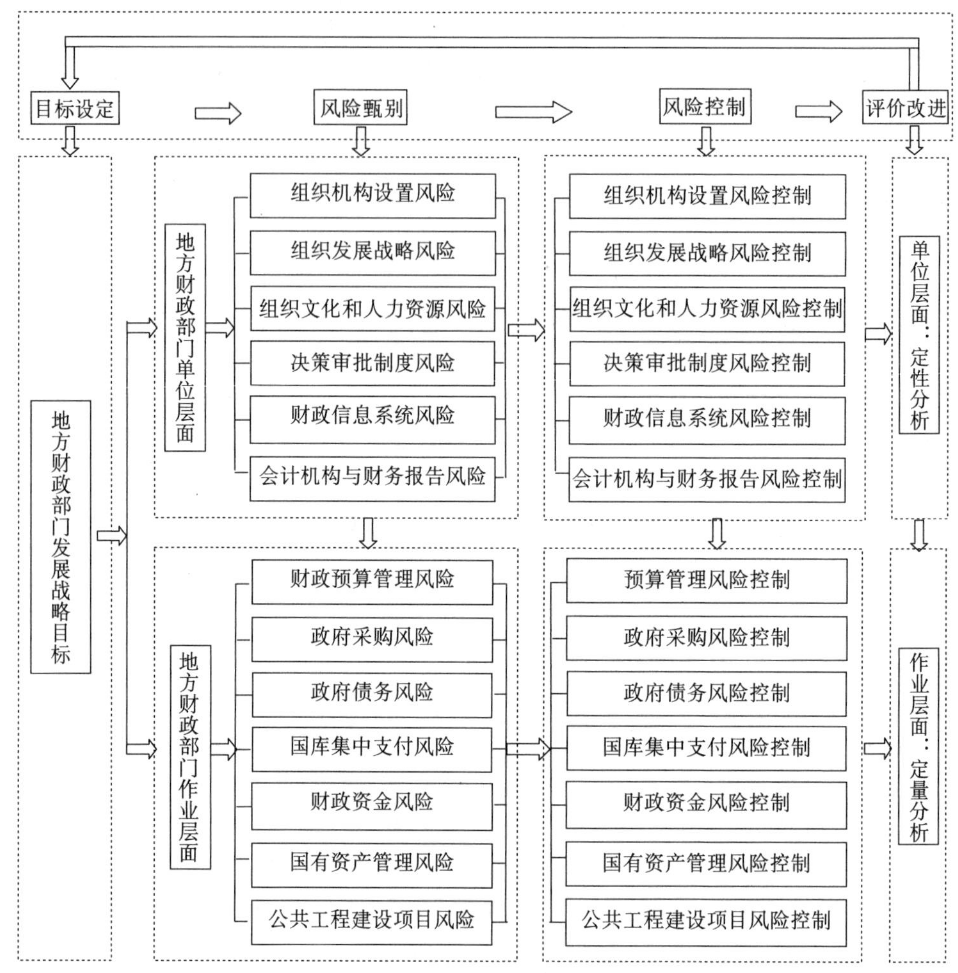


**图 3－2　地方财政部门风险管理**

地方财政部门是管理地方财政资金的机构，掌握着地方公共资源的配置权，由于在履行委托代理责任时缺乏市场竞争，加上法律上缺乏对公共权力的有效制约，一些组织单位发生贪污腐败事件，造成地方财政资金的流失和社会公共性资源的浪费。因此，从单位层面来看，组织机构设置、责权分配、决策审批制度和关键岗位等方面构成了组织单位的整体约束环境。应当关注单位内部控制工作的组织实施情况、财政信息系统、组织文化、会计机构等关键的风险点。具体来讲，地方财政部门内部控制单位层面的风险主要包括：由于组织机构不健全、职责不明确而产生的风险；组织发展战略目标设定不合理，且与各部门具体工作目标相脱节而造成的风险；组织没有凝聚力，员工工作懈怠且不具备工作能力所带来的不利影响等（见表 3－1）。

表 3-1　　地方财政部门单位层面主要风险

| 业务活动 | 风 险 点 |
| --- | --- |
| 组织机构设置 | 单位内部机构设置是否合理，部门职责是否明确，内部控制、管理机制是否健全，是否建立各部门之间的有效协调机制 |
| 组织发展战略 | 组织发展战略目标设定是否符合组织实际发展状况和客观规律以及未来经济社会形势的走向；是否依据发展目标制定各部门具体控制目标，并将实现目标的具体工作分解细化到员工 |
| 组织文化和人事政策 | 是否形成了影响全体组织成员的组织文化，人事政策是否科学合理；员工是否定期参加业务培训、内部控制理论知识学习，是否具备业务能力 |
| 决策审批制度 | 是否建立合理的决策议事制度和严格的审批程序，让各层次人员都能充分行使职权；是否拥有详尽的决策记录制度，能如实记录各项决定并很好地保存；组织的决策、执行、监督是否独立 |
| 财政信息系统 | 财政信息系统运行是否良好，系统管理是否按程序进行；财政信息网络是否安全；组织单位是否设立专门的信息机构；信息管理制度是否完善 |
| 会计机构与财务报告 | 是否按照国家统一的会计制度对财政业务事项进行财务处理；财务会计报告的编制是否真实准确，相关财务信息是否进行完全披露，会计机构对于财务报告的具体编制是否严格遵照国家统一的会计制度规定 |

资料来源：依据相关资料整理而得。

从地方财政部门作业层面来看，应当结合各项重要业务的流程和关键环节来展开风险点的排查。具体而言，应重点留意各个主要的财政业务活动流程是否整合了全部的关键环节，员工是否严格遵循工作程序办事。地方财政部门的主要业务活动涉及财政预算管理、政府采购业务、政府债务管理、国库支付管理、财政资金运行以及国有资产管理等方面，并且每项业务活动按照规范的流程进行操作。各业务活动的主要风险点见表 3-2。

表 3-2　　地方财政部门作业层面的主要风险

| 业务活动 | 风 险 点 |
| --- | --- |
| 财政预算管理 | 年度预算是否合理，省级收入是否有混库现象，部门预算政策的制定和执行是否符合国家及地方政府的相关规定；部门预算支出总量的确定与控制是否合理；预算编制是否准确；是否按照批复的额度和开支范围执行预算，进度是否合理，是否存在无预算、超预算支出等问题；预算考核监督机制是否健全 |
| 政府采购业务 | 政府采购预算是否经过严格核定，采购预算指标是否合理、数据是否准确；是否按照预算和计划组织政府采购业务；政府采购项目计划变更是否经主管部门、部门预算管理处（室）审核；是否按照规定组织政府采购活动和执行验收程序；是否按照规定保存政府采购业务相关档案 |

续表

| 业务活动 | 风　险　点 |
| --- | --- |
| 地方政府债务管理 | 起草的政府债务落实方案是否符合预算法等法律法规或有关政策的相关规定；政府债务限额是否按照法定程序获得批准，是否存在政府违规举债，突破债务限额的情况；是否按有关管理制度分配新增债券；是否存在未及时录入“地方政府性债务管理系统”的数据错误和漏洞，导致数据不准确，造成未能及时完成债务数据汇总上报工作等 |
| 国库集中支付业务 | 银行账户开立申请提供的申请文件是否完善，账户变更、撤销申请是否符合规定，提供的申请文件是否完善；用款计划编制是否规范、数据是否准确，并经过审核批准；资金授权额度是否进行审核，授权支付汇总清算数据是否经过复核；财政部门与执收单位对非税收入收缴信息是否一致等 |
| 财政资金管理 | 组织部门是否存在隐瞒或少列资金收入的情况；是否按预算支出资金，有无虚列、截留、挪用预算资金；资金结算是否规范等 |
| 国有资产管理 | 资产购置是否合理，有无超标情形发生；资产是否被充分使用，是否存在资产闲置和浪费情况；组织部门在报废、核销、出售、转让等过程中，是否违规，造成国有资产的损失；资产收益是否存在不如实反映、隐瞒等 |
| 公共工程建设项目 | 是否按照预算投资；是否严格履行审核审批程序；是否建立有效的招投标控制机制；是否存在截留、挤占、挪用、套取建设项目资金的情形；是否按照规定保存建设项目相关档案并及时办理移交手续 |

资料来源：依据相关资料整理。

## 3.3 基于风险评估的控制措施

依据前面的分析，风险主要来自单位层面和作业层面。因此，对于已识别的风险，应结合具体业务和事项，运用不同的控制方法和程序进行有效控制，提高地方财政部门抗御风险的能力。

### 3.3.1 单位层面风险控制

单位层面是组织的整体环境，其为组织内全体员工有效执行任务创造了软约束氛围。因此，单位层面的控制方法是整体性的、全局性质的控制措施。对单位层面风险的有效控制，为作业层面各项具体业务活动的规范执行提供必要的支撑。

#### 3.3.1.1 目标控制

每个组织都有自己的发展目标和努力方向，对目标进行有效控制，是从总体上把握组织的发展方向不偏离组织的使命，克服各种内外部不利因素的影响，以保证组织的健康持续发展。内部控制的最终目标就是要实现组织的既定目标，而组织的目标往往是长期的发展计划，会因为在实际执行的过程中受到难以预测的各种因素的影响而偏离当初设定的情境，进而造成组织发展的偏差。因此，只有对目标进行不断的调节和控制，消除各种不必要的偏差，才能使组织发展保持正确的方向。同时，组织目标是制定各职能部门具体目标的依据和出发点，各项具体目标又是对组织目标的分解和细化，如果组织目标发生偏离，那么各部门管理层面的具体执行目标也会随之产生偏差，最终造成组织各项管理活动失效，还有可能引发严重的风险。因此，目标控制是组织进行内部控制最基础的控制方法，也是最重要的控制方法。

#### 3.3.1.2 决策控制

地方财政部门是地方财政管理的特殊机构，因此组织部门的决策关系到地方财政系统的运行效率。决策控制就是对组织部门领导决策层的有效控制。组织部门应当建立行之有效的决策制度，从而形成对决策层的控制。决策制度主要涉及决策的具体事项、决策程序、组织不同管理层次的具体决策权限以及决策层相关责任人的具体职责等重要内容。组织发展的重大事项或是财政资金数额巨大的业务活动都应当建立完善的集体决策制度，特别是涉及财政预算的具体编制、执行和预算调整等的财政管理核心业务，应当由党委会议、领导办公会议和预算委员会以及相关职能部门负责人共同参与讨论决定，不能由领导层单独决定。同时，应落实责任问责制度，形成对决策负责人的权力约束。

#### 3.3.1.3 人员控制

组织的所有任务都是由具体的人员来执行完成的，因此人是组织活动中最为重要的因素。地方财政部门人员控制的主要形式包括招聘、培训、定期轮岗和绩效考核等。

地方财政部门的工作人员必须通过严格的资格审查和公务员考试才能进入财政系统工作。因此，财政部门的人员队伍整体水平相对比较高，具备了一定的财政业务知识水平和业务能力。同时，组织部门还定期结合财政政策的调整和实务操作的变化对员工进行培训和继续教育，不断提升员工的业务水平，并通过一定的考核办法，对培训结果进行评价。另外，对员工的绩效考核是人力资源管理中一项主要的控制手段。员工也可以根据自我评价发现自己工作所取得的成绩，了解工作的不足，明确未来工作的努力方向以及需要提高和完善的相关业务知识。同时，以考核结果或者业绩等因素为主要依据，地方财政部门都会进行必要的职位晋升和人事调整。职位晋升可以赋予员工更多的责任，为其提供充分发挥能力的更大空间，更重要的是极大地调动了组织员工的工作主动性和积极性，使员工不断提高自己的业务素质和综合能力，以适应更高的工作要求。奖励则通常是以考核结果为依据而实现的。奖惩的作用主要在于营造积极向上的氛围。

#### 3.3.1.4 会计控制

保证财务报告的真实可靠是内部控制的重要目标。因此，加强会计机构建设、提高会计人员业务水平、完善会计控制有助于提高财政资金的管理效率。会计控制是会计机构利用会计信息对财政资金各项活动进行的有效控制。具体而言，会计控制是会计机关部门及人员依据国家相关规定以及财政管理的财务制度，对财政预算收入、预算支出以及往来资金等财政资金活动所进行的监督指导和约束管理，从而保证财务报告的真实可靠，实现财务管理的最终目标。会计控制是地方财政部门财务管理的重要环节，也是加强组织部门内部控制建设的有效措施。会计控制的主体是组织单位的会计机构以及利用会计信息对各项财政资金活动实施控制的其他业务部门。会计控制的客体就是所有的财政资金活动，包括财政资金的筹集、使用和监督。会计控制是对内控制与对外控制的结合，以会计部门的自我控制为中心，通过对其他关联部门财政资金业务活动的外部控制，形成涵盖整体组织的会计控制网络，从而有效提升组织部门的财务管理水平。

#### 3.3.1.5 授权审批控制

地方财政部门设有不同的管理层次，各层次都在授权范围内行使相应的职责。授权审批控制就是对组织部门各岗位的具体授权范围、业务审批程序以及相应责任的具体规定，并制定组织部门的常规授权和特别授权的相关权限指引，明确常规授权的范围和权限，严格控制组织范围内的各项特别授权。常规性授权就是针对组织部门日常业务的管理活动，遵照组织既定的管理层次安排和职责分工进行的授权，主要集中在日常的、常规性的一般业务活动。当组织发生重大事项或出现特殊情形时，根据业务需要而产生的授权就是特别授权。对于重大的经济事项和业务活动，组织应当实行严格的集体决策审批制度，或者由党委成员、领导班子成员以及各部门负责人共同签名，而不得由个人单独进行决策或审批。由此可见，授权审批控制就是对组织内部不同管理层次岗位的授权范围和岗位责任、具体权限以及具体的授权程序等重要内容的控制。通过建立健全授权审批制度，组织单位的各个管理部门才能明确职权范围，不越权审批，更好地履行受托责任。

### 3.3.2 有效防范作业层面风险

作业层面风险是各项业务活动的具体操作环节所产生的风险。一般来说，单位层面控制以流程控制、不相容职务分离控制、预算控制等控制活动为主。

#### 3.3.2.1 流程控制

流程控制就是在组织授权审批制度约束下，对各项业务活动的每个关键环节所实施的有效控制。财政部门的主要业务活动包括财政预算管理、政府采购、财政资金管理、国有资产管理等，每项业务活动都有完整的流程，因此可以对业务流程进行有效的控制。以政府采购业务为例，采购预算与计划编制环节应当对各采购部门提交的采购项目的合理性、预算标准的合规性等相关问题进行仔细审核，并严格按照程序进行审批。采购过程中对供应商的资质审核、采购方式的具体确定以及采购合同的签订等重要流程实施的控制可以有效地预防执行环节中的风险。对采购物品的验收则可以通过组建验收小组、明确具体的职责分工以及进行物品质量的技术测试等方法来加强控制。最后的付款环节，也同样需要进行相应的过程控制，明确付款审核人的具体责任和权力，严格审核采购合同约定的付款条件、采购发票、物品验收报告等相关资料的真实性、完整性和合规性，确认审核无误后按照合同规定及时办理付款。

#### 3.3.2.2 不相容职务分离控制

组织的各项业务活动都是由具体的人员来操作和完成的，而且实际工作过程中往往需要不同层次、部门以及员工之间的相互协同和配合。因此，一项重要的业务活动需要依靠不同人员之间的相互牵制来实现有效控制。比如，单位现金的支付和保管由出纳具体负责，票据管理、会计档案管理以及会计对账业务则应当由出纳之外的其他人员来负责，从而实现对相关人员的相互牵制。如果由一个人来承担现金的支出、保管以及对账业务，由于缺乏有效的约束和牵制，相关人员很可能监守自盗，出现不法行为。因此，应当是由不同的人员负责具体经办、会计信息的记录以及资产保管工作。由此可见，以单位层面合理的机构设置和职责分配为前提，不相容职务分离控制也是作业层面内部控制的重要手段。

#### 3.3.2.3 预算控制

财政预算管理是地方财政部门重要的业务活动。因此，预算控制是也最基本的控制方法。控制过程的起点就是编制预算，把各单位的财政收支计划凝练成一些确切的数据信息，可以清楚明了地反映出资金的具体安排和分配情况，使财政部门能够从总体角度平衡各部门之间的关系，从而更好地进行财政资金的分配，为地方经济发展和社会进步提供有力的资金支持。预算执行控制就是对财政预算的具体落实情况进行的监督。财政部门通过对各预算单位预算收入和预算支出的执行进行定期检查，掌握相关的动态信息，对发现的问题及时予以纠正和调整，从而提高预算执行效果。预算决算和考核则是对预算最终实施结果的评价。由此可见，预算控制的意义在于对财政预算资金活动的全过程进行监督和控制。通过对各个部门进行预算控制可以实现地方财政部门的纵向和横向管理，为地方财政部门协调各项活动提供良好的基础；同时，也可对执行过程中发现的问题及时纠正，从而保证预算预期结果的实现。

#### 3.3.2.4 单据控制

单据是进行货物的交付以及货款支付时提供给交易双方的一种凭证和依据。财政部门根据国家有关规定以及财政管理的要求，结合预算管理、政府采购管理、财政资金运行等各项具体业务的特点，制定相应的流程规范。由于业务活动各流程之间存在一定的关联性，组织部门的相关工作人员在进行具体业务操作时应当查实之前业务流程的相关单据和表单，同时根据业务程序要求完成本环节的各项表单的填报，从而真实记录和反映相关的信息；业务活动终了时，还要将整个业务活动的所有单据进行核实并进行归档保管。因此，单据承载着各业务活动的具体信息，是客观真实的依据，通过单据控制可以实现对业务活动各关键环节和流程的跟踪和监督。

#### 3.3.2.5 财产安全控制

控制活动的各种政策和程序必须以确保组织财产和记录的安全、降低损失和误用的风险为目标。在实际业务操作过程中，各职能部门及人员都有责任和义务保护组织单位的财产安全。比如，会计部门应当确保财政资金的安全，涉及财政资金的业务发生后应当及时做好会计记账工作，尤其是针对现金业务、银行存款等业务，更应当做到日结日清，以保证现金资产的安全和正常周转。资产管理部门在日常管理过程中也应当结合资产的使用、处置等业务对组织内部各项资产进行定期或不定期的资产盘点，保证资产账实一致，及时掌握资产的收发、结存情况，从而加强国有资产管理，确保资产的完整和安全。同时，管理部门要保护好各种记录和文件免受物理损害，单位个人只有在授权范围内和出于岗位工作的需要才能接触相关记录。同时，信息部门要定期备份电脑记录，制定计算机环境下的数据灾害恢复计划并进行测试，对发现的不足立即采取行动进行补救，确保信息数据的安全。

## 3.4 动态监督与评价

认识上的局限性和实际情况发生的变化或员工自身的不足，可能会使内部控制与预期之间产生偏差。同时，地方财政部门组织发展所带来的组织结构、员工素质、财政信息化程度的变化都会影响内部控制的实施效果。因此，对组织内部控制进行有效的内部监督和评价，能够及时发现内部控制的薄弱环节并及时纠正，从而不断提升内部控制有效性水平。

### 3.4.1 内部监督机构及职责

根据内部控制的具体要求，应当由独立的部门来负责监督评价工作。因此，地方财政部门应当设置专门的内部控制监督机构，从地位上保证其独立性，并明确各相关部门或岗位在履行内部监督职责过程中的责任和具体分工，同时按照内部控制的程序要求对组织部门内部控制的实施状况进行有效的监督和评价。

#### 3.4.1.1 主责部门

为了确保组织部门监督和评价工作的公允性和有效性，组织应当建立内部控制领导小组或专门的内部监督部门，以保证其工作的独立性。作为单位内部控制的最高指挥机构，内部控制领导小组全面负责内部控制监督评价的相关工作及各项评价方案的具体设计与实施。其职责主要包括：批准单位内部控制规范实施方，带头学习内部控制相关理论知识，负责批准风险评估工作方案，决定单位风险管理中的重大事项，指导和监督组织范围内各部门内部控制的具体执行工作；同时，重点承担组织部门内部控制的监督和评价工作，制定内部监督行动方案，确定监督检查的具体方法、测试评价的具体范围以及频率。

#### 3.4.1.2 内部审计部门

内部审计的主要作用就是评价组织内部控制的效果，其本身也是内部控制的重要组成部分。内部审计的作用在于通过对组织的各项业务活动的真实性、合法性进行监督审查，并对内部控制的实施效果进行分析，及时发现组织的各项业务活动及内部控制实施过程中出现的薄弱环节，并采取有效措施予以解决，提高组织的管理效率。进行内部审计，就是对组织单位内部控制制度的建设情况以及内部控制的具体执行落实程度进行监督和评价，了解各项制度是否如内部控制设计般地有效执行，据以确定组织单位的各项业务活动是否合规，所有的会计信息是否真实可靠且如实地反映在组织部门的财务报告中，以及组织部门是否存在重大的管理漏洞和不足，从而对发现的问题有针对性地进行深入监督检查。因此，内部审计部门可以定期检查组织部门的管理制度建设，了解各项业务工作的进展以及组织单位内部控制的岗位设置及责任落实情况，并针对发现的问题提出具体的整改意见。

#### 3.4.1.3 配合部门

内部监督是一个需要组织单位不同职能处室共同参与的复杂性工作。不仅内部控制的评价机构和内部审计机构需要承担相应的职责，组织内部任何一个职能处室在内部监督过程中也同样应当承担对本部门的监督职责。比如，财务部门对本部门的资产、采购、合同等业务具有监督职责，财务部门内部的会计岗位和出纳岗位也具有相互监督的职责。纪检监察处负责单位现金、银行存款、银行账户、票据管理等工作的监督，并负责本单位财政资金收支工作的监督，受理有关财政资金收支的举报等工作。同时，各部门在工作中进行的流程监督为内部评价机构的监督工作提供良好的基础和依据。

### 3.4.2 日常监督与专项监督的结合

内部监督应当遵循一定的程序。内部控制监督主体应当与内部制度设计主体和执行主体相分离，地方财政部门应当指定专门的内部控制监督机构或内部控制评价小组来承担监督责任，并明确内部控制主体的具体责任范围、工作权限、与各部门之间的沟通方式、收集信息和证据的途径以及需要填写的各种报告等，然后对组织部门内部控制制度的建设情况以及各职能处室内部控制的执行效果进行检查，收集来自各部门的相关信息和资料证据，并提炼整理有用的信息，发现内部控制实施过程中的薄弱环节。在此基础上，进一步分析问题产生的根源，并根据内部监督的分析结论对内部控制缺陷进行等级界定，向决策层报告内部控制缺陷。对于重大缺陷，内部监督机构有义务直接上报上级财政部门。上级财政部门应当对此做出正确的引导和指示。最后对于通过内部监督发现的问题和缺陷提出整改意见并实施相应的整改措施，不断提升内部控制有效性水平。

通常情况下，内部监督的具体模式主要有两种，即日常监督和专项监督。日常监督主要集中于组织部门的业务层面，是组织对内部控制执行情况进行的常规性检查，主要是在职能部门自我检查的基础上进一步掌握该部门内部控制执行的相关资料，监督业务活动的完成情况，从而及时发现不足和问题并予以纠正。专项监督则是有针对性地对内部控制实施过程中的某个特殊方面或是发生的重要情形进行的不定期检查。专项检查的范围、时间以及频率要以组织内部控制风险评估以及日常监督的结果为参考来具体确定。比如，组织单位发生重大的人事变动、业务流程进行细化、财政体制出现重大改革、组织环境发生变化时，都应当引起监督部门的高度重视，因为这些变化可能随之带来相应的风险。因此，审计部门依据日常监督的结果，对风险较高而且极为重要的项目进行专项监督。

由此可见，日常监督和专项监督之间有着重要的联系。前者是后者的基础，后者是对前者的有效补充和强化。因此，组织部门应当将日常监督和专项监督有机结合。同时，如果组织部门认为在实际工作中根据业务活动的进展情况有必要经常进行专项监督，也可将专项监督融入日常监督。二者的充分结合，能够确保组织内部控制在一定时期保持其有效性。另外，内部监督的结果还要结合内部控制评价来进行，通过对内部控制执行效果的有效性分析，找出内部控制的不足和缺陷，并根据评价结果进行纠正；然后重新设计内部控制制度，再执行和落实新的制度。内部控制就是在这样一个不断循环往复的运行机制下实现自我完善和持续改进的过程。因此，地方财政部门内部控制体系要得到充分有效实施，就必须构建一个科学、合理的内部控制监督和评价机制。

### 3.4.3 内部控制评价及缺陷认定

在组织部门发展和存续期间，外部环境不断发生变化以及组织内部自身条件的改变，势必会对组织的内部控制系统产生一定的影响，组织要想维持内部稳定，就需要对组织内部控制制度的实施效果进行评价，从而充分了解内部控制对于风险防范的有效程度以及内部控制的薄弱环节，并及时予以纠正和弥补。因此，组织应当由专门的内部控制评价机构进行内部控制实施效果的评价和监督工作。具体评价的过程需要遵循一定的评价程序，并对内部控制缺陷进行认定，而这需要内部控制评价人员充分运用内部控制的相关知识及职业技能进行判断。

内部控制缺陷是组织内部控制的运行过程中存在的薄弱环节和不足，依据内部控制缺陷的不同严重程度划分为重大缺陷、重要缺陷和一般缺陷。具体而言，重大缺陷是最为严重的情形，往往出现一个或多个控制漏洞的组合。当出现重大缺陷时，组织发生风险的可能性很大，组织的发展方向很可能严重偏离之前设定的组织控制目标。重要缺陷的严重程度比重大缺陷的严重程度要低，主要是指一个或多个一般缺陷同时发生的情形，但可能对组织单位产生不利影响，使组织偏离控制目标。一般缺陷则是程度最轻的缺陷。

内部控制缺陷认定主要包含三部分，即内部控制缺陷的重要性和影响程度、财务报告内部控制缺陷以及非财务报告内部控制缺陷认定。针对组织具体的控制而言，组织偏离控制目标的程度越大，内部缺陷的影响程度就越大。财务报告内部控制则是为实现财务报告目标而进行的内部控制。具体来说，财务报告内部控制目标就是要充分体现组织单位财务报告编制的真实性与可靠性。因此，财务报告内部控制的缺陷主要是指不能充分确保组织财务报告真实可靠的内部控制设计和运行缺陷。除财务报告目标之外其他的重要目标，比如组织财务资金效率目标、各项资产安全目标、组织经营目标、合法合规目标等都是非财务报告内部控制，对这些目标造成的不利影响就是非财务报告缺陷。

内部评价的结果最终要以内部控制评价报告的形式反映。内部控制评价报告根据需求的不同分为对外和对内两种报告。对外报告主要是满足外部监督者对组织信息披露的具体要求而编制的报告，具有一定的强制性并要符合相应的具体要求。对内报告的编制主要向组织决策层和管理层提供充分的信息和证据，从而使决策层更好地了解和掌握本部门内部控制实施效果。因此，对内报告随意性比较强，评价时间和频率都由组织自行决定。评价报告的重要内容包括：组织部门评价小组关于内部控制报告的真实性、可靠性声明，内部控制评价的具体测试范围、测试方法，详细的程序设计以及整个内部控制评价工作的具体分析情况，发现的内部控制薄弱环节和不足以及内部控制缺陷的认定情况，对于重大财政风险拟采取的各项弥补措施及其理论依据和现实条件，对于组织内部控制有效性的最后判定结果。

## 3.5 内部控制的实施条件

内部控制的实施条件可以为内部控制作用的发挥提供强有力的支撑。组织内部控制的实施条件决定着内部控制的目标设定、控制措施的方法选择、控制程序的具体设计等重要因素。实施条件的完善程度直接影响着组织内部控制的设计和执行效果。同时，内部控制水平的提高又对实施条件提出了更高的要求，进而促使实施条件不断改善。因此，实施条件与内部控制是相互作用、互动发展的。

### 3.5.1 财政信息化的支撑作用

随着信息化程度的不断提高及财政信息系统的广泛应用，大量的信息来自财政信息系统。因此，财税信息系统成为组织内部控制的构成要素。

从财政信息系统运行过程来看，整个财政信息系统是由信息的采集、加工、存储、传递和反馈等重要环节组成的信息运行系统。同时，这个系统是一个具有信息输出和反馈功能的动态开放系统，借助财政信息系统的稳定运行可以将各级财政部门的财政制度、财政政策、财政收支计划以及资金分配等相关信息及时传输到其他政府部门、企业、银行金融机构等部门。接受信息的相关部门又将对财政信息的反馈信息通过财政信息系统及时传递到财政部门，使财政部门能够充分及时地了解其他部门业务活动的具体信息。财政信息化使财政管理收集整合大量的信息数据成为可能，也提升了信息管理效率。

与此同时，财政信息化虽然取得了很大的发展，但是与财政改革发展的要求还有一定的差距。财政信息化在有些地方还未普及，因此很多数据都是人工进行相关数据的采集。这一方面加大了人为因素的不利影响，很多重要财政数据不能被及时收集和录入，致使上级相关部门无法正常开展工作；另一方面，由于不能对信息录入过程及相关负责人实施及时有效的监督，还可能造成内部威胁。① 此外，当前的财政信息系统的相关配套制度也不健全，缺乏明确的岗位责任制度和安全管理制度，而且财税信息系统的访问安全、系统开发与升级维护过程也有可能产生风险。同时，随着社会经济各项事业改革的推进，政府职能不断扩大，特别是地方财政支出规模持续上涨，这加剧了地方财政风险，增大了地方财政管理的难度。基于此，只有依托"金财工程"，进行信息化的改革和发展创新才能破解这一难题。纵观财政体制的每一次改革，财政管理制度的每一步完善都以财政信息化程度的进一步提升作为有力支撑，离开了信息技术各项改革寸步难行。地方财政部门的业务复杂烦琐，信息量大，需要将信息数据在不同层次的财政部门之间、企事业单位之间以及组织内部的不同职能部门之间进行及时有效的传递和反馈。因此，信息系统不仅可以提高信息传递的时效性和准确性，而且有助于提高信息的保密程度，从而减少人为因素对信息传递的不利影响。基于此，地方财政部门进行内部控制制度的发展和创新，加快财政信息化建设是必由之路。

### 3.5.2 统筹协调现有的管理制度

制度被定义为由人制定的规则，分为内在制度和外在制度。内在制度产生于组织内部，外在制度则是依靠政府的权威性而强制执行的。地方财政管理制度是政府制定的用以规范地方财政管理的外在制度，内部控制制度则是组织成员共同参与实施的。因此，只有统筹协调好地方财政管理制度和地方财政部门内部控制制度之间的关系，才能达到更好的管理效果。

#### 3.5.2.1 目标协调

地方财政管理的目的是确保各项财政政策、国家法律、规章制度在地方顺利贯彻执行，为国家筹集财政资金，为地方经济发展、政府建设以及各项事业改革的有效推进提供财力保证，有计划、按比例地统筹安排地方财政资金，实现公共服务均等化目标。为了确保这些目标的实现，地方财政部门就需要以地方财政管

① 内部威胁是指对信息系统具有访问权限并且误用或滥用这些权限的人造成的威胁。

理目标为依据，辨析和确定地方财政部门重要的控制目标，通过建立完善的地方部门内部控制体系，加强目标完成过程中的风险管理。由此可见，只有以地方财政管理目标为前提条件，才有实施地方财政部门内部控制的必要性，内部控制脱离地方财政管理目标就会失去它的作用和意义。

#### 3.5.2.2 作用互补

地方财政管理是一个复杂的过程，可能会产生与预期目标之间的偏离。因此，对整个财政运行过程进行有效控制是非常必要的，而控制分为外部控制和内部控制。地方财政管理体制是对地方各级政府之间以及各级政府内部各职能部门之间的事权、财权和事权等财政关系的具体划分，为地方财政部门各项管理活动的有序进行提供良好的制度环境。这种制度是通过外在的“压力”强加于组织的，更注重上级部门对下级部门的外部约束和强制要求，以此形对地方财政管理的外部控制。地方财政部门内部控制制度则是被横向地实施于平等的主体之间，是组织系统的自动调整和自我完善。内部控制制度的完善可以优化地方财政管理制度的执行，同时外在制度的强制措施又可以推动组织强化内部管理，不断提升自身内部控制水平。因此，内部制度和外部制度是相互影响、共同发展的。

#### 3.5.2.3 流程相融

地方财政部门内部控制建设过程中，不断完善和优化组织机构设置，严格各项授权审批政策和决策制度，并对各项业务活动进行监督，形成良好的组织氛围环境，可以为地方财政制度的顺利推行创造有利的条件。同时，内部控制贯穿地方财政部门的各项业务流程，财政预算管理从预算的编制、执行、监督等各个环节都执行了相应的内部控制。因此，内部控制是以地方财政管理各个主要业务及其流程而进行的设计和制度安排，各项风险控制措施有利于地方财政管理目标的实现。同时，地方财政管理活动中的计划与执行也是一个动态管理的过程。比如，对于各项财政资金的支出也是包括计划、执行、监督、绩效考核等环节在内的过程。地方财政管理最后的绩效考核结果反馈到下级财政部门和其他政府部门及相关机构。这些组织单位可以将绩效考核的重要信息作为客观依据，对组织部门内部控制进行监督和评价，及时发现内部控制的薄弱环节并进行纠正，从而使组织内部控制制度不断得到优化。因此，内部控制与地方财政管理的业务流程也是相通的。

#### 3.5.2.4 内外监督结合

地方财政部门进行的内部监督是组织进行的自我监督管理，主要包括各职能处室的管理监督、不同处室之间的相互监督以及决策层对整个组织实施的监督。同时，财政部门监督办法和地方管理体制的具体要求，决定了下级财政部门要接受上级财政部门和审计部门的外部监督。因此，地方财政部门应当及时将内部监督过程中发现的薄弱环节和不足以及拟采取的整改措施，向本级政府和上级财政部门报告。上级财政部门则在规定职权范围内实施对下级财政部门的监督和指导工作，形成有效的外部监督。因此，组织内部监督可以为上级部门的外部监督提供重要的依据。上级部门可以针对组织部门内部监督发现的问题进行重点监督和指导，从而大大提高了监督效率。此外，外部监督为组织内部监督进行必要的指导和强化，有助于提升组织的内部监督水平。由此可见，内外监督有效结合，可以更好地提高财政部门的管理效率和财政资金管理的规范性。

### 3.5.3 内部审计机制的保驾护航

内部审计是针对组织内部的一项独立监督活动，其目标在于实现组织部门的自我管理和自我监督。内部审计机制的主要作用，是发现并改正组织部门的漏洞或者缺陷而进行的自我修正。可以说，内部审计是对内部控制过程的监督。因此，内部审计可以提高组织部门的管理效率和内部控制水平，同时也有助于实现地方财政部门的自我约束和自我监督。

现阶段，地方财政部门的内部审计工作仍有许多亟待解决的问题。首先，我国现行的针对政府部门内部控制审计的相关法律主要有 2006 年修订的《审计法》和 2010 年实施的《审计法实施条例》，所以政府内部审计的法律支持有限。其次，在实践过程中也暴露出一些普适性的问题。从现实的角度来看，内部审计缺乏独立性，这在人员配备、组织机构设置、审计工作的独立性以及经费拨出方式上都有所体现。目前，我国政府部门的内部审计工作主要由国家审计署及驻各部委的审计局负责。虽然强调自身独立性，但由于种种原因，独立性非常有限。从机构设置方面来说，内部审计机构隶属于被审计单位，虽然其作为一个独立的部门存在，但实际上仍是一种"自己监督自己"的不合理模式，极易受到单位管理层的操纵，因此严重缺乏独立性。在内部审计过程中，审计人员一般都考虑本部门高层领导的利益，所以只能谨小慎微地开展工作，不能有效履行内部审计职责，从而使得审计结果不尽如人意。同时，有些组织由财务人员兼职内部审计工作，由于缺乏相关审计专业知识及风险防范意识，很难保质保量完成审计工作，使得审计工作效果不理想。最后，地方财政部门的内部审计工作以国家审计规定为主，没有结合组织日常的内部控制管理工作，缺乏一定的针对性，综合财务报告也不完整，比如固定资产、长期投资等信息披露都存在一定程度的缺陷。

这些问题严重影响了地方财政部门内部控制的发展完善。因此，加强内部审计管理是审计工作发展的自身要求，也是有效推行地方财政部门内部控制制度建设，不断提升内部控制有效性水平的有力保障。

# 4

# 我国地方财政部门内部控制的现实考察

了解和掌握地方财政部门内部控制的实施现状，能够为地方财政部门内部控制的优化和完善提供重要的现实依据。本章在总结国外政府部门内部控制先进经验的基础上，回顾了我国内部控制的发展历程，梳理了地方财政部门内部控制所取得的积极成效，通过问卷调查的形式收集掌握来自不同层级地方财政部门内部控制的资料和数据，运用统计分析方法探寻数据背后的规律，掌握不同层级地方财政部门内部控制实施的整体状况，并以某财政局为例深入分析其内部控制建设过程中的问题及困境。

## 4.1 国外政府部门内部控制的经验总结

尽管世界各国的国家结构不同也造成了财政部门内部控制的差异，但是发达国家政府部门内部控制的积极做法给我国政府部门内部控制建设提供了良好的经验与启示。

### 4.1.1 立法助力政府部门内部控制发展

政府部门内部控制建设是一个在立法推动下不断完善发展和循序渐进的过程。一些国家以法律的形式或者在法律范围内确定政府部门内部控制的责任，并在各级政府部门有效推行内部控制，通过明确的相关法规进行配套指引。

举例来看，经过200多年的发展完善，美国政府结合政府部门内部控制的发展，各项法律规定逐步完善，从而更好地指导实践部门进行内部控制制度建设。美国国会先后于1977年和1978年提出《反国外贿赂法案》和《督察长法案》，并在1982年《联邦管理者财务廉洁法案》中明确提出各联邦政府必须要建立内部会计控制和管理控制系统，进一步要求将已识别的内部控制缺陷及拟采取的整改措施公开向外界报告。同时，受到企业内部控制的积极影响，美国（GAO）分别于1999年和2003年两次发布并修订了政府内部控制准则和内部审计准则。对于财政部门内部控制的准确内涵，颁布于2005年的美国《财政部内部（管理）控制计划》进行了明确规定，并且指出财政部门所涉及的所有财政资金活动都属于内部控制的实施范围。根据《联邦管理者财务诚信法案》的相关规定，2014年9月美国GAO正式颁布了新《联邦政府内部控制准则》。该准则强调政府环境发生的变化以及如何在新制度环境下进行政府部门内部控制的设计与实施。其他国家也在不断加强政府部门内部控制的相关立法。玻利维亚政府颁布实施《政府管理与控制法》，确定了公共组织内部控制的法律职能。日本政府通过《公共财务法》和《公共会计法》，规定所有政府部门必须依法检查并控制本单位的所有财务与会计活动。德国政府制定了《预算法》和《基本法》，在此基础上针对每一项具体的财政支出制定了严格的标准和审查程序，这些都在《差旅费管理法》《培训费管理法》《政府采购法》《投资法》《办公费支出法》等相关法律指引中得以充分体现。

从国外政府部门内部控制的发展可以看出，这些不同层次的法律为规范和指导政府部门内部控制起到了积极的推动作用。通过立法的形式来确定政府内部控制的总体要求及内部控制实施的具体目标，有利于规范政府部门内部控制的制度建设，明确政府及政府单位领导层在组织内部控制中的重要职责，确定内部控制的重要地位，从而引起相关部门的重视。

### 4.1.2 强化内部控制主体的重要责任

内部控制制度最终都是由具体的人员来执行和落实的，人员的素质、理解能力以及对内部控制的认同程度都会直接影响内部控制的执行情况。虽然政府部门内部控制受到法律制度的硬性约束，但是在实际执行内部控制的过程中仍存在执行不到位的现象。因此，国外政府部门越来越注重内部控制执行环境的营造，强化内部控制主体的相关责任。

从世界范围来看，各国内部控制的责任主体呈现多元化的发展趋势，内部控制主体不仅是中央政府行政机关本身，范围还逐步扩大延伸至外部审计组织、立法组织、司法机关等部门，并且内部控制责任明确。以美国为例，政府部门内部控制责任主体细化到各州立机构、部门及个人。各联邦机构被要求专门建立内部控制管理程序，安排专人负责控制活动，发现内部控制问题立即采取行动予以纠正。[①] 同时，美国政府不断强化政府部门管理层在组织内部控制过程中的责任，并在1981年发布的A－123号通知《管理层的内部控制责任》中强调每个政府组织和机构都应当安排专人负责本部门的内部控制工作。另外，《首席财务官法案》要求联邦政府各行政部门设首席财务官，并由首席财务官领导和负责在组织范围内建立与实施相关财务管理规定，同时涵盖财务、会计、审计以及内部控制在内的统一规范的财务管理系统，从而保证各部门所提供的各项财务信息及公共资金数据的真实完整与准确。法国政府也颁布了新《财政法组织法》。该法详细规定了各相关部门和机构以及具体的人员在内部控制中的重要职责范围。其中规定，经济财政监察总署具体承担对国有领域的监督和公共管理咨询；财政监察员主要负责财政支出承诺、结算、支付指令的事前核准；对于预算支付环节的事中审核与具体记账工作则由公共会计来承担；财政稽查总署负责进行预算收支的事后监督检查工作。

欧盟相关法律要求所有欧盟成员国家必须在政府部门设立专门的内部控制机构和内部审计组织。为此，波兰政府不断优化财政部门机构设置，完善包括公共支出监督司、内审司、税务检查司在内的专门的财政监督体系，并且在相关法律规定中明确各个机构的职责范围。其中，公共支出监督司监督和检查政府部门公共支出资金的具体使用情况；内审司的重点任务则集中在地方财政的内部审计方面，具体包括制定完备的内部审计程序、对财政部门内设机构及其派出机构进行内部审计。与此同时，为规范税收征管秩序、提高税收征管质量，波兰财政部门明确规定相关责任主体在税收征管过程中的职责范围，由税务检查司负责对纳税人缴纳税收情况的具体专项检查，并与财政部下设的税收征管机构根据实际工作的需要组建检查组，对涉及金额巨大的案件进行联合检查。

明确各行为主体在内部控制实施过程中所承担的责任义务，强化政府部门的主要领导层、负责人的内部控制责任，有利于在组织范围内营造良好的内部控制执行氛围，也有助于细化形成明确的管理目标和绩效考核目标，为各项业务的具体操作和完成创造必要的实施条件。

### 4.1.3 严格内部控制的业务流程管理

在规范的内部控制整体环境下，国外政府部门还将内部控制与重点业务的流程相整合，运用不同的控制活动来实现规范业务活动的目标。

法国财政部门采取授权审批、决策与执行相分离等方法，对预算管理的全过程实施有效的控制。任何财政支出都必须按照严格的决策与执行程序进行。一般

---

① GAO：Standards for Internal Control in the Federal Government，http：//www. rrsn，com，2011.

而言，法国预算管理具体包括承诺、清算、发出支付指令以及具体执行4个环节。按照严格的授权审批程序，通常由各部部长授权本部门的支出管理人员做出支出决策，在合理的授权范围内开具财政支出拨款凭证，然后由财政监察员进一步审核。财政监察员要对拨款金额、具体用途等重要事项进行审核，并在半个月之内签署意见，出现不符合规定的事项，财政监察员可拒绝签字。如果支出部门对此有异议，则可上报财政部，由财政部长进一步核实并最终决定是否给予批准。依照决策和执行相分离的规定，只有经过财政监察员审核通过后方可进入执行程序，由公共会计按照拨款凭证来完成具体的支付和记账工作。在整个执行环节，公共会计应当根据不同性质、金额、风险程度以及支出频率的财政支出进行执行前的逐笔审核。公共会计对整个执行环节负有全面责任，如果出现问题，公共会计个人必须承担相应的责任。如果公共会计受到上级的强制命令，则一切后果应当由该上级领导负责。

同样，德国财政部门在进行财政管理过程中，将内部控制的制衡、分离等控制方法应用到实际的财政业务活动之中，实行严格的财政部门内部控制，从而实现对财政风险的有效防范。例如，为加强税收收入的管理，德国财政部门在财税局内部设置不同的部门分别负责定税和收税工作；预算管理方面也建立了权力制衡机制，将开列支出账单与实际拨款实行不相容职务分离、监督检查与采取有效措施整改相分离的内部控制制度；在预算编制过程中，结合不同职能部门履行其公共职能的客观需要，严格审核和控制各项财政支出项目；预算确定之后则直接划入各预算部门的财务账户，由所在部门的预算执行员按照法律规定执行预算。对预算管理业务关键环节的控制确保了财政预算支出的制度化，减少了人为因素对预算支出的影响和干预，使得每一项具体的财政收支活动控制在组织可承受的范围之内，有效降低了财政风险。芬兰和波兰政府也建立了一套完善的内部控制体系来规避财政风险：先对财政资金投入可能产生的风险采取科学的方法进行评估，在此基础上对预算实行严格的审批，并对预算执行的全过程进行有效监督，最后还要对预算执行的效益进行检查。对财政资金使用全过程的有效控制保障了财政资金的安全、合规，提高了财政资金的使用效率。

尽管各国财政部门内部控制的具体做法不尽相同，但是他们所追求的目标是一致的，那就是注重内部控制的具体操作和执行。只在有良好的整体环境约束下，规范各项重点业务的具体执行过程，才能最终将内部控制落到实处，发挥其防范风险、自我修正的作用。

### 4.1.4　重视内部审计与监督评价

国外政府非常注重政府部门内部控制的内部监督和评价。实践部门往往以政府颁布的相关评价指引为依据，完善组织内部监督机构和内部审计机构，立足政府部门主要业务活动，对内部控制的具体执行情况进行必要的内部监督和评价，及时发现问题并进行纠正和弥补，从而不断提升政府部门内部控制水平。

美国政府十分重视对实践部门内部控制的有效性评价。美国预算管理总局确定公共部门内部控制的总体目标，在此基础上审计总署制定了联邦政府内部控制准则。各相关政府部门监察长制定组织内部控制执行准则，并对本部门内部控制进行有效性评价。针对评价结果，组织部门的领导层采取及时有效的应对措施来纠正和弥补内部控制缺陷。德国政府建立了较为完善的财政监督体系，对整个财政运行的全过程实施不同形式的监督，包括议会监督、政府职能部门监督以及财政部门的监督检查等。同时，德国政府制定了统一的预算制度和预算执行评价标准，对联邦、州和地方各级政府的预算执行情况及产生的效益进行评价，力求实现对各职能部门的统一控制和有效监督。

英国政府也制定了严格的内部控制和审计监督制度。根据财政部的相关规定和要求，各中央主管部门具体负责制定本部门的内部控制制度；同时，由内设独立的内部监督和审计机构对组织内部控制的实施状况进行监督和评价，并向最高领导层汇报监督评价结果及拟采取的整改措施。通过实施有效的内部监督和评价，各部门能够真实准确披露相关的财务信息和数据，提高了财务报告的真实性和可靠程度。英国政府还强化了对政府部门的外部审计。具体由审计署承担对中央部门的外部审计工作，主要监督相关部门财政资金分配的合规性以及提供公共服务的有效性水平。对于地方部门的外部审计则由审计委员会负责。

波兰财政部门建立了包括财政评估、控制活动和效益审计等重要环节在内的风险控制系统。财政部门设置专门的内部审计机构对财政资金产生的效益进行审计，并对组织部门内设机构实施内部控制的具体情况进行有效性评价，以此为基础对各职能部门的工作效能做出合理判断，并提出完善和改进的政策意见。芬兰政府也十分注重对政府部门的内部监督。按照国家要求，各级政府部门必须设置独立的内部审计机构，全面负责对本部门内部控制实施状况的监督工作。同时，财政部门内设专门的内部监控处和信息处。其中，内部监控处的主要职能是对财政部下设的各相关部门预算执行情况进行有效的监督和控制，以及对其他政府部门实施内部控制过程进行必要的指导和监督管理。信息处则负责将各部门预算执行的现金流量表、国库报表、国有资产报表、税收执行报表等相关信息借助专门的网站向社会公众公布，实现信息的公开，接受大众媒体的广泛监督。

由于建立了相对完善的内部监督体系和评价指引，政府部门及相关监督主体能够对政府部门内部控制的实施情况进行有效监督和评价，并发现其中的不足及缺陷，采取必要的整改措施进行纠正，从而形成政府部门内部控制的有效循环和自我修正，不断提升内部控制水平和防御风险的能力。

## 4.2 我国内部控制的发展历程

经过近些年的积累和发展。从企业内部控制的日趋成熟，到现如今政府部门内部控制的蓬勃发展，内部控制走过了从无到有、逐步完善的道路。顺应内部控制发展的大好形势，政府也相继出台了多项法律规范，对内部控制制度的进一步完善和有效推行起到了重要的推动作用。

### 4.2.1 内部控制的起步

改革开放初始阶段，我国并未建立内部控制。“放权让利”激发了企业的自主创新意识，促使政府和企业高度关注企业利润，管理层无暇顾及其他，所以没有进行内部控制建设。

1984 年 4 月 24 日，财政部颁布实施《会计人员工作规则》，第一次提出内部控制这一全新的概念，并将内部控制定义为“单位为了提高会计信息质量，保护资产的安全、完整，确保有关法律法规和规章制度的贯彻执行等制定和实施的一系列控制方法、措施和程序”。1985 年，《会计法》对会计稽核所做的规定，是我国首次在法律文件上对内部牵制提出的明确要求。随着改革的深入，企业会计工作已经脱离了计划经济的模式。为更好地顺应企业会计工作的这种变化和进一步发展的需求，强化会计基础性工作，规范各项会计工作的相关流程和程序设计，财政部门于 1996 年正式颁布实施了《会计基础工作规范》，其中对于会计监督的要求和规定形成了我国内部控制的雏形。

1997 年 5 月，我国第一部针对内部控制的行政法规《加强金融机构内部控制的指导原则》出台[①]，规定金融机构应当建立实施规范有效的内部控制机制。《加强金融机构内部控制的指导原则》对于金融机构内部控制建设的意义重大，为我国金融银行机构内部控制制度的完善和发展提供了必要的法律支撑。由此可见，我国对金融机构内部控制的要求明显高于对非金融企业的要求，所以金融机构的内部控制指导原则先于非金融行业的内部控制要求出台。后来，随着我国内部控制的不断发展，1999 年 10 月对《会计法》进行了修订。这也是第一次以法律的形式对内部控制的建设做出规范要求。其中，第四章“会计监督”第 27 条规定各单位应当建立健全本单位内部会计监督制度，进一步强化了会计监督的重要作用。以法律的形式明确提出对各单位会计监督的具体要求，成为内部控制建

---

① 该法规已被 2002 年 9 月 18 日颁布的《商业银行内部控制指引》废止。

设发展过程中一个重要的里程碑。

### 4.2.2 企业内部控制日趋成熟

1997 年 6 月，亚洲爆发严重的金融危机，使得日本、韩国、马来西亚等国家金融业受到重创。影响也波及我国，无论是中小企业还是金融机构，都面临着巨大的危机。在这样一种外部环境的影响和约束下，如何有效防御金融风险，保证企业经济的平稳运行，成为我国企业界关注的焦点。基于此，我国的企业，特别是金融机构，大量吸取亚洲各国在此次金融危机中的积极做法和经验，努力探寻企业风险管理的创新，并致力于企业管理制度的改革与完善。通过政府和企业的积极努力，企业管理模式进行大胆创新，企业的稳定性有所增强，进而带动经济的增长和社会的稳定。

由于受到国外企业广泛实行内部控制制度的积极影响，企业部门也开始尝试性地将内部控制运用到企业管理中，开启了风险管理模式的创新。通过内部控制制度的有效实施，企业提升了自身管理水平，增强了主动预防风险的意识，并提高了风险防御能力，向现代化方向不断迈进。

国内外企业的经营实践表明，企业管理水平的重要表现之一就是企业是否建立了内部控制制度，其完善程度如何。与此同时，内部控制也是提升企业风险管理水平的重要制度安排。从现实情况来看，企业发展到一定阶段后，其资金规模越来越大，人员结构也日趋复杂，原有的企业机构设置、组织文化水平、财务管理制度以及各项业务的程序等方面远远不能适应企业发展和日趋完善的管理要求，进而出现了企业资金大量损失、组织高层管理者经济犯罪现象。有些金额巨大、作案时间长的案件，也都是由于相关组织缺乏有效的内部控制而产生的。同时，伴随着我国企业组织规模的扩大和发展，企业管理制度的缺陷暴露无遗，风险日益显现。在此情况下，企业别无选择，只有在企业内部建立和推行完善的内部控制制度，改变企业原有的经营管理模式，才能从根本上完善企业的机构设置，增强组织范围内的风险意识，结合有效的控制措施和组织内部监督评价，不断提升企业自我防御风险的能力。内部控制的实行还有助于保护中小股东的合法权益。内部控制制度可以在一定程度上约束管理层为了自身利益而侵占中小股东利益的行为。另外，企业内部控制在实施过程中还必须进行自我监督和评价，这一方面可以及时发现和充分了解企业内部控制实施过程中的薄弱环节和不足之处并进行纠正，另一方面组织的自我评价报告中对企业内部控制的缺陷认定及企业经济运行和组织管理的实际情况进行了详细描述，这些公开、透明的信息有助于如实反映管理层为履行受托责任而做出的努力，有助于处于信息劣势地位的中小股东了解企业的真实业绩，合法权益得到充分保护，减轻代理压力，降低代理成本。

为迎合企业内部控制发展的客观需要，我国政府也相应出台了一系列制度来推动企业内部控制的发展。从 1996 年起，财政部、中国人民银行、中国保监会、中国证监会、中国注册会计师协会（以下简称中注协）等先后颁布实施了多个法律法规或行业准则，确定企事业单位内部控制制度建设的目标、原则、内容、方法和监督检查等，要求企业建立内部控制制度，并进行内部管理的改革。2001 年，财政部发布《内部会计控制规范——基本规范》（试行），要求组织单位加强内部会计控制建设，完善内部会计监督。在这之后，深受 SOX 法案①的影响，我国加大了内部控制制度建设的实施力度，相关的法规和规范密集出台，逐步形成了内部控制制度的组织配套和保障机制。2006 年 7 月，财政部等六部委联合发起并成立了企业内部控制委员会，秘书处设在财政部会计司。2007 年的全球金融危机也波及我国。由于受到世界经济形势的影响，我国企业业绩出现起伏波动。为更好引导企业应对风险，加强企业风险管理，我国自 2009 年 7 月 1 日起在上市公司范围内全面施行《企业内部控制基本规范》（以下简称基本规范）。2010 年以后，国家又依据基本规范相继出台了企业内部控制的相关配套指引。这些规范的出台和有效落实意味着我国已初步建立内部控制的规范体系和法律制度。

由此可见，企业内部控制与政府的相关法律规范是相互影响、共同发展的。一方面，企业在这些法律制度的硬性要求和规范指引下，不断加强组织内部控制制度的完善和发展，有效提高企业防御风险的能力，逐步向现代化企业目标迈进。另一方面，随着企业内部控制的发展出现了新的问题，政府就这些突出问题对现行法律法规进行完善和修订，进一步提高内部控制指导规范水平。但是，与发达国家相比，我国企业内部控制的发展时间相对较短，内部控制法治化程度还比较低。因此，我国企业内部控制还有很长的路要走。

### 4.2.3 内部控制引入政府管理

随着国际形势的日趋复杂和国内社会经济发展环境的不断变化，以及社会公众对政府执政能力要求的进一步提高，政府部门作为提供公共服务的主体面临着越来越大的压力和挑战。领导者们试图寻找一种有效的方法来约束政府的公共权力，更好地履行公共受托责任。受到企业内部控制的积极影响和国外政府内部控制的重要启发，政府部门逐步将企业内部控制的思想理论运用到现实的政府管理

① 2001 年 12 月，美国安然公司突然申请破产保护。此后，公司丑闻不断，影响极大。为了改变这一局面，美国国会和政府加速通过了《萨班斯—奥克斯利法案》（简称 SOX 法案）。

之中，从依靠外部制度的硬性约束转为内部制度的自我修正。

企业和政府部门都是由众多要素和资源组合而成的组织。因此，政府部门具有运用和建立企业内部控制的基础。同时，政府部门的组织结构和管理目标明显区别于企业部门。出于对现实情况的考虑，政府部门合理借鉴企业内部控制理论，延续内部控制五大要素的结构设计，并将其融入政府部门单位层面和作业层面的规范管理中，根据政府部门的行政管理特点以及业务运行的规律，实行公共事业的风险甄别与风险防范的“内嵌式”内部控制体系。政府部门通过大力推行内部控制制度建设，组织结构日趋完善，责任分工也越来越明确，重大问题的决策和授权审批制度得到有效规范，政府部门的整体环境明显改善。同时，政府部门逐步形成风险意识，通过对完成组织目标过程中的风险进行排查，采取有效的控制措施加以防范，并且加强内部监督和审计监督，提升了行政管理水平和抵御财政风险的能力。

与此同时，顺应政府内部控制发展的客观需求，我国政府相继出台了涵盖政府部门政务管理、会计、财务、信息技术管理以及内部控制监督和处罚措施的一系列规定，进一步加强对政府内部控制制度建设的指导和规范。财政部门主要负责内部控制准则的制定及发布工作，审计署则负责内部控制测评准则的制定和发布，并对各行政事业单位的内部控制执行情况进行测评，给出必要的政策建议和规范指导。其中，审计署于 2003 年发布了《审计机关审计重要性与审计风险评价准则》《审计机关分析性复核准则》《审计机关内部控制测评准则》《审计机关审计抽样准则》和《审计机关审计事项评价准则》，并从 2004 年 2 月 1 日起正式施行。

内部控制的重要性在一些法律法规中也有所体现。2012 年 11 月 29 日，财政部颁布《行政事业单位内部控制规范（试行）》（以下简称《规范》）。《规范》分总则、风险评估和控制方法、单位层面内部控制、业务层面内部控制、评价与监督等重要章节内容，2014 年 1 月 1 日起正式实施。2014 年 6 月，中共中央政治局审议通过的《深化财税体制改革总体方案》明确指出要改进预算管理制度，以规范政府行为、实现有效监督。2014 年 8 月，全国人大常务委员会通过《中华人民共和国预算法》修正案，立法宗旨发生了改变，即由“政府管理的预算”转变为“管理政府的预算”，修改“强化预算的监督职能”为“加强对预算的管理和监督”，增补了“规范政府收支行为，强化预算约束，建立健全全面规范、公开透明的预算制度”等内容。2014 年，党的十八届四中全会通过的《中共中央关于全面推进依法治国若干重大问题的决定》要求强化财政资金分配使用、国有资产监管、政府投资等内部流程控制，防止权力滥用。这些法律法规和规范性文件都从不同层次、多元化的视角反映了国家对于加强政府部门内部控制建设的具体规定和要求，对我国政府部门内部控制建设起到了积极有效的推动作用。种种迹象表明，加强政府内部控制已是形势所趋。

### 4.2.4 地方财政部门内部控制的成效

近年来，地方财政部门越来越重视内部控制对于加强财政管理，有效防范财政风险的重要作用。因此，各省市财政部门积极响应国家关于大力推行政府内部控制制度的号召，顺势而为不断发展和完善组织内部控制建设，并取得了积极的成效。

#### 4.2.4.1 大力推进内部控制制度建设

随着《规范》在政府部门的广泛实行与落实，各级地方财政部门为顺应加强内部控制的客观要求，结合本部门财政管理的实际状况，制定了适用于本组织范围的内部控制制度。同时，财政部于2014年10月下发《财政部内部控制基本制度（试行)》，对各级财政部门内部控制的具体实施和有效推行提出了进一步的指导和规范。当前，全国范围内共计有28个省（自治区、直辖市和计划单列市）财政厅（局）成立了内部控制委员会，其中19个参照《财政部内部控制基本制度（试行)》及相关制度办法，立足本地区经济发展现状以及财政管理水平制定了内部控制制度。[①] 其中具有代表性的地区包括云南省、山东省、江苏省、北京市、广东省、广西壮族自治区等省、自治区和直辖市，分别制定了内部控制的实施方案和细则，并在全系统范围内积极贯彻和执行内部控制，将内部控制与加强财政管理、提高财政运行效率相结合，形成了各具特色的内部控制模式。同时，为进一步掌握全国行政事业单位内部控制制度建立与实施的具体状况，2017年1月财政部根据全面推进行政事业单位内部控制建设的指导意见及相关规定，制定了《行政事业单位内部控制报告管理制度（试行)》，在全国范围内开展2017年度行政事业单位内部控制报告编报工作。

#### 4.2.4.2 有效推行地方财政部门内部控制

地方各级财政部门利用各种有效的配套措施，加强财政系统内部控制的制度建设，结合本部门财政管理工作的特点，形成了各具特色的地方财政内部控制模式。比如，云南省财政厅有效结合制度的完善、制度的创新与制度的执行落实，以加强制度建设为重点，将内部控制贯穿于整个地方财政管理各个业务活动的关键环节，同时梳理本部门各项管理制度和相关法规，对于不合理的制度及时予以废止，对于不完善的规定结合新的要求和标准进行必要的修订，并按照财政体制

---

① 《中国财经报》，2016年2月，http://finance.sina.com.cn/roll/2016-02-05/doc-ifxpftya4333772.shtml。

改革的具体要求，出台了一系列针对财政资金管理、国有资产管理、预算管理、政府采购业务等重点财政活动的制度规定，建立专门的内部控制机构，全面负责本部门的内部控制工作，并对组织范围内各职能处室的内部控制执行情况进行必要的监督，对于发现的问题及时进行纠正，确保内部控制制度的落实。北京市也是较早启动内部控制建设的地区。2013 年，北京市在全市范围内进行行政事业单位内部控制总动员，市财政局牵头联合市纪委等部门联合成立“行政事业单位内部控制规范实施联席领导小组”。北京市财政局还建立了组织范围内的联合工作小组，进一步规范和有效推行所属单位的内部控制工作。2015 年底，广西壮族自治区财政厅依据财政部内部控制规范，正式出台了涵盖预算管理、政策制定、法律风险等的 8 类专项风险预防办法，并组织内部控制的理论培训班进行内部控制理论学习。受到省财政部门的积极影响，广西壮族自治区多个市级财政单位也陆续制定了内部控制基本实施规范，内部控制工作有条不紊推进。山西省财政厅 2016 年制定了《山西省财政厅内部控制体系建设工作实施方案》，积极推进内部控制体系建设，并实施了财政厅内部控制的基本制度和 10 个专项内部控制办法，针对法规税政管理、预算编制、预算执行、会计管理、资产管理、政府采购管理、政府债务管理等重要业务的风险点采取了有效的防控措施。各市、县财政部门的内部控制工作也在有序推进。

#### 4.2.4.3 积极营造良好的内控环境

良好的组织氛围有利于内部控制制度的落实与执行，为了营造良好的内部环境，各级财政部门采取各项措施积极推动内部控制建设工作，比如召开财政部门内部控制工作视频会议，在全系统范围内普及加强内部控制的作用和意义。同时，一些部门领导高度重视内部控制的建设工作，多次召开内部控制专题研讨会议，听取各方意见，认真研究本部门内部控制机构设置、人员分配等制度建设问题。将内部控制建设工作列入领导办公会议的重要议事日程，亲自督办内部控制工作，成立了内部控制工作领导小组，全面负责和指导内部控制制度建设工作，并从各部门抽调业务骨干配合和协调内部控制的具体实施。与此同时，各职能部门在内部控制建设中的具体责任得到明确。在此基础上，各部门负责人又将部门任务分解落实到具体的人员，形成了内部控制领导干部亲自抓、中层干部亲自管、基层员工齐参与的良好态势，优化了组织内部控制的实施环境和整体氛围。

一些部门还加大了对内部控制的理论依据、重要作用、实施条件和具体要求等重要内容的宣传力度，积极引导各职能部门在工作中主动贯彻落实内部控制相关规范要求，在组织上下形成了有效预防风险的良好环境和氛围。还有些部门强化内部控制的教育和培训工作，要求全体员工定期参加内部控制的理论学习与实务操作辅导。系统的培训提高了组织成员对于内部控制理论学习的主动性，也提升了对于相关操作规范的熟悉程度，为组织部门内部控制的有效实施培养和造就了一支理论水平较高、业务操作规范的队伍。

#### 4.2.4.4 努力完善内部控制监督机制

为了更好地监督组织各职能处室内部控制的执行与落实情况，有些财政部门努力完善内部控制监督机制，将日常工作的自我检查和专项工作的关联审查有效结合，实施对组织内部控制执行情况的监督检查。比如，部分财政部门采取有效措施加强各职能处室的日常监督，针对财政资金的具体分配、金额和用途审核、拨付使用以及财政资金的核算等重要流程实施日常监督；同时，对于财政预算管理活动实施专项工作的关联监督。预算部门和国库部门是财政预算管理业务的关联部门。因此在编制财政预算的过程中，通过改进财政预算编制办法、加强财政资金的拨付管理等途径，预算、国库和财务等多个部门联合实施对预算编制和执行主体的有效监督，达到了良好的监督效果。同时，有些地方财政部门也建立了独立的内部监督机构，与内部审计部门相互配合，实施对组织部门内部控制执行情况的监督检查。

## 4.3 基于问卷调查的实证分析

问卷调查是了解社会问题和收集相关数据信息比较常用的方法。因此，此次考查以问卷调查的形式，收集来自不同层级地方财政部门内部控制实施状况的信息资料，进行实证分析，并根据实证结果探寻不同层级地方部门内部控制实施的整体情况及内在特征。

### 4.3.1 问卷基本情况概述

问卷调查的目的在于分析实践部门内部控制五大要素之间的相互影响及内在联系，判断不同职级、年龄、学历以及单位层级对内部控制的建立与实施是否存在相关性，发现和总结地方财政部门内部控制实施状况的共性问题。地方财政部门内部控制的核心要素包括内部环境、风险评估、控制措施、信息沟通以及内部监督。因此，调查问卷以内部控制的五大核心要素为依据，结合地方财政部门的主要业务和工作流程，通过设计表达清晰、内容完整的问题来获取被调查者所在单位内部控制实施状况的相关信息。为了保证调查问卷设计的合理性，提高相关内部控制问题描述的准确性，调查者针对调查问卷的内容进行了多次修改。

调查问卷包括两大部分：第一部分是基本情况部分，主要考查受访者年龄、职级、学历、所在单位情况以及自身职务；第二部分是问卷调查的主体部分，是对组织部门内部控制实施现状的具体调查，共涉及五大项25个问题（具体见表4-1）。所有问题都是正向关系问题，用数字1—5依次表示受访者对相关题目的认同程度，“5”表示认同程度最高，“4”表示比较认同，“3”表示不确定（无所谓），“2”表示不满意或是不太认同，“1”表示非常不同意，认同度最低，并以此为依据，完成“五分制”李克特量表。[①] 问卷调查的相关问题参见附录1。

表4-1　问卷调查基本问题

| 目标 | 准则层 | 基本问题描述 |
| --- | --- | --- |
| 了解组织单位内部控制实施现状 | 内部环境 | 内部控制培训情况 |
| | | 加强内部控制理论学习 |
| | | 组织凝聚力 |
| | | 组织部门机构设置 |
| | | 职能分工 |
| | | 领导层胜任能力 |
| | | 人力资源政策 |
| | | 战略目标的明确性 |
| | 风险评估 | 领导风险意识 |
| | | 风险预防措施 |
| | | 检查战略执行计划的有效性 |
| | | 定期风险排查 |
| | 控制活动 | 工作程序 |
| | | 防舞弊措施 |
| | | 不相容职务分离制度 |
| | | 部门目标与绩效目标的关联性 |
| | | 授权审批制度的适用性 |
| | 信息沟通 | 上下级信息传递 |
| | | 信息的重要作用 |
| | | 财政信息系统 |
| | | 向上级反映问题 |
| | 内部监督 | 内部审计的独立性 |
| | | 内部检查和持续监控 |
| | | 对问题及时调查、纠错 |
| | | 反舞弊举报渠道 |

① 李克特量表（Likert Scale）是由美国社会心理学家李克特于1932年在原有的总加量表基础上改进而成的。该量表由一组陈述组成，每一陈述有“非常同意”“同意”“不一定”“不同意”“非常不同意”5种回答，分别记为5、4、3、2、1。

此次问卷调查以某省所在辖区内的各级财政部门为重点调查对象。调查时间为2018年2月至2018年6月。调查方式为实地调查、发送邮件、电话咨询等。调查总共发放了123份问卷，收回95份，问卷回收率为77.24%，其中有效问卷72份，问卷有效率为75.89%。

### 4.3.2 问卷描述性统计

首先，运用SPSS（22.0）软件对有效问卷所涉及的25个选项信度系数进行相关测试，分析得到克朗巴哈（Cronbacha）α系数值①为0.947，这表明问卷的信度比较理想。

从具体情况分布图可以看出，受访者多以中青年为主，年龄主要集中在30—50岁，共计50人，占总人数的69%。30岁以下有15人，占20.8%，50岁以上共有7人。在众多受访者中，科级及以下人员分别有32人和28人，处级领导干部有10人，处级以上有2人。被调查人员学历都在大学专科以上，其中硕士及以上学历人员占29%。受访者中共有24人来自市财政部门，21人工作单位为县级财政部门。从职务情况方面来看，一半左右的受访者为一般工作人员。在所有的受访者中，部门负责人有26人，占36%，内控机构负责人共有10人（见图4-1—图4-5）。

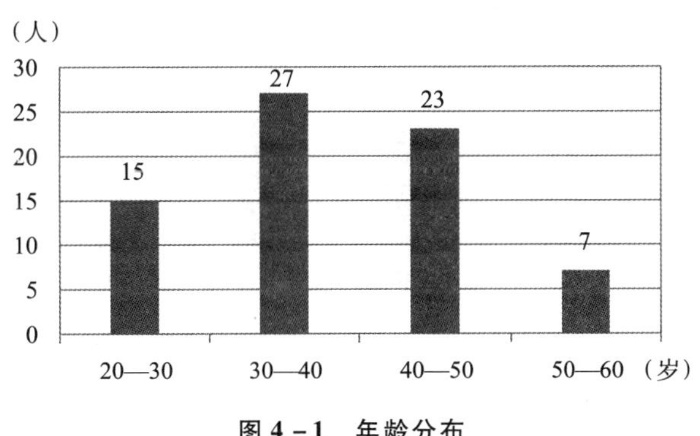


图4-1 年龄分布

#### 4.3.2.1 内部环境

内部环境因素从单位内部控制培训情况、内部控制理论学习、组织部门机构设置、人力资源政策等方面进行考查。从表4-2可以看出，对于工作单位内部

---

① 一般认为，若α系数为0.9—1.0，则表明问卷的内在信度很高；若α系数为0.8—0.9，则表明问卷的内在信度是可接受的；若α系数为0.7—0.8，则表明问卷的设计存在一定问题，应考虑重新设计。

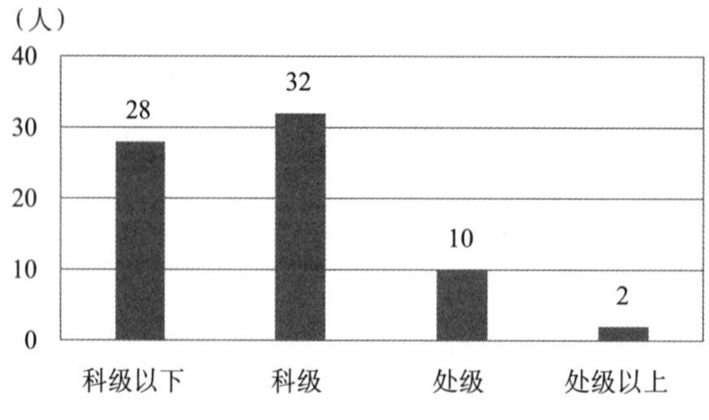


图 4－2　职级分布

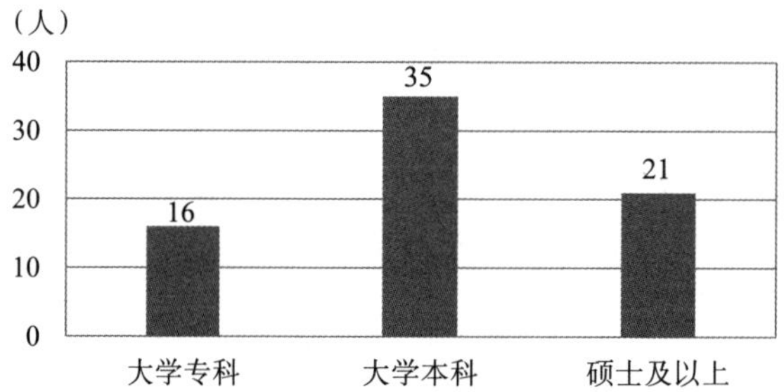


图 4－3　学历分布

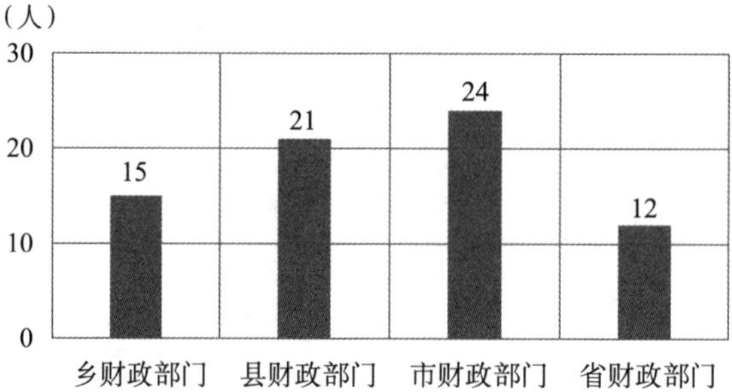


图 4－4　单位情况分布

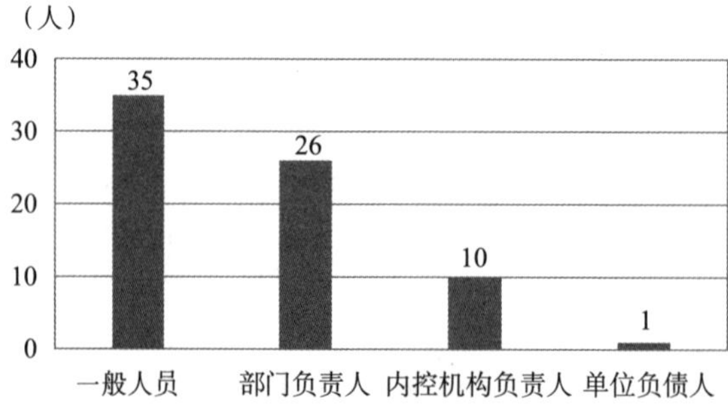


图 4－5　职务分布

控制培训情况不认可的受访者占 18.1%，还有 13.9% 的人则表示所在单位尚未开展系统的内部控制培训。80% 以上的受访者都表示，应当尽快加强内部控制相关理论知识的普及和学习。同时，有 1/4 的人表示所在工作部门凝聚力不强，组织文化缺失。对于单位的机构设置，仍然有近 20% 的受访者表示不认可，33.3% 的受访者不了解机构设置情况。职能分工方面，表示认同的人占 50% 以上，但是也有一部分人认为岗位职责分工不明确，致使很多工作不能顺利进行。大多数受访者表示领导具备一定的胜任能力，完全不认可领导能力的占 2.8%。有 22.2% 的受访者认为在职务晋升、工资考核方面的人力资源政策不理想，完全不认可的占 18.1%。对于战略目标，一半的受访者表示所在单位没有明确的战略目标，近 30% 的人不了解单位的战略目标。这些统计数据充分表明，组织战略目标并没有在全组织范围内得到充分的响应（见表 4 -2）。

**表 4 -2　　内部环境调查结果汇总表**　　（单位:%）

| 调查内容 | 非常认可 | 比较认可 | 不确定 | 不认可 | 非常不认可 |
|---|---|---|---|---|---|
| 内部控制培训情况 | 4.2 | 15.2 | 48.6 | 18.1 | 13.9 |
| 加强内部控制理论学习 | 36.1 | 51.4 | 12.5 | 0 | 0 |
| 组织凝聚力 | 20.8 | 27.8 | 26.4 | 25 | 0 |
| 组织部门机构设置 | 19.5 | 29.2 | 33.3 | 6.9 | 11.1 |
| 职能分工 | 8.3 | 43.1 | 29.2 | 13.9 | 5.5 |
| 领导层胜任能力 | 22.3 | 23.6 | 31.9 | 19.4 | 2.8 |
| 人力资源政策 | 11.1 | 20.8 | 27.8 | 22.2 | 18.1 |
| 战略目标的明确性 | 1.4 | 19.4 | 29.2 | 50 | 0 |

#### 4.3.2.2 风险评估

风险评估因素共包括 4 个问题。有 12.5% 的人认为部门领导的风险意识比较强，45.8% 的受访者表示直管领导有一定的风险意识，同时也有 4.2% 的人表示上级领导在工作过程中完全不考虑风险预防。对于风险防范措施的实施效果，29.2% 的人认为不是很了解，13.9% 的受访者则表示单位采取的风险预防措施效果不佳，完全不认可的占 5.6%。定期检查各项工作计划执行情况的单位不足 50%，有些单位则很少进行检查。对于单位开展的风险排查工作，认为满意的有 26.3%，非常不认可的人数占 13.9%。总体而言，风险意识不强、预防措施不到位仍然是困扰实践部门风险管理的主要问题（见表 4 -3）。

表 4 – 3　　风险评估调查结果汇总表　　（单位:%）

| 调查内容 | 非常认可 | 比较认可 | 不确定 | 不认可 | 非常不认可 |
|---|---|---|---|---|---|
| 领导风险意识 | 12.5 | 45.8 | 30.6 | 6.9 | 4.2 |
| 风险预防措施 | 12.4 | 38.9 | 29.2 | 13.9 | 5.6 |
| 检查战略执行计划的有效性 | 9.7 | 33.3 | 27.8 | 12.5 | 16.7 |
| 定期风险排查 | 5.7 | 26.3 | 47.2 | 6.9 | 13.9 |

#### 4.3.2.3　控制活动

控制活动是针对风险而采取的具体行动和应对措施。有 40.3% 的人表示工作程序比较明确，9.7% 的受访者认为其所接触的工作流程比较模糊。对于防舞弊措施的实施问题，有近一半的人表示不满意。在实际工作中，36.1% 的受访者表示所在部门建立了较为规范的不相容职务分离制度，但是受到当前行政事业单位招聘制度的约束，一些单位在短期内无法增加编制，因此仍然存在一人多职现象，有 19.4% 的人表示不满意。大多数受访者都不清楚单位的发展目标与所在部门绩效考核之间的关联性。对于授权审批制度的适用性，近一半的受访者表示满意，但也有 11.1% 的人认为授权审批制度不规范，有待进一步完善和规范（见表 4 –4）。

表 4 – 4　　控制活动调查结果汇总表　　（单位:%）

| 调查内容 | 非常认可 | 比较认可 | 不确定 | 不认可 | 非常不认可 |
|---|---|---|---|---|---|
| 工作程序 | 7 | 40.3 | 33.3 | 9.7 | 9.7 |
| 防舞弊措施 | 0 | 25 | 36.1 | 15.3 | 23.6 |
| 不相容职务分离制度 | 5.6 | 36.1 | 22.2 | 19.4 | 16.7 |
| 部门目标与绩效目标的关联性 | 0 | 18.1 | 34.7 | 27.8 | 19.4 |
| 授权审批制度的适用性 | 16.7 | 37.5 | 27.8 | 6.9 | 11.1 |

#### 4.3.2.4　信息与沟通

信息与沟通因素设计了 4 个问题。41.7% 的人表示上下级之间信息传递比较畅通，16.7% 的人则不满意所在部门的信息传递机制，12.5% 的人认为信息传递有一定的障碍和困难。同时，多数人均认可信息有效传达对于实际工作的重要意义。当问及是否了解财政信息系统运行的稳定性和重要性时，55.6% 的受访者认为较为满意，同时 5.6% 的人表示不认可，这充分体现了财政信息系统对于实践部门日常工作的顺利开展具有不可替代的特殊作用。有 13.9% 的人明确表示不会主动向上级领导反映工作中出现的问题，45.8% 的人则会考虑问题的重要程度、同事之间的关系等因素，所以不确定是否主动向领导汇报问题。由此可见，财政信息在上下级之间的传递存在着一定的滞后性（见表4-5）。

**表4-5　信息与沟通调查结果汇总表**　（单位：%）

| 调查内容 | 非常认可 | 比较认可 | 不确定 | 不认可 | 非常不认可 |
|---|---|---|---|---|---|
| 上下级信息传递 | 4.1 | 41.7 | 25 | 12.5 | 16.7 |
| 信息的重要作用 | 38.9 | 34.7 | 26.4 | 0 | 0 |
| 财政信息系统 | 6.9 | 55.6 | 31.9 | 5.6 | 0 |
| 向上级反映问题 | 0 | 40.3 | 45.8 | 13.9 | 0 |

#### 4.3.2.5　内部监督

从此次调查结果看，内部审计的独立性明显不足，进行独立内部审计的部门占19.4%，而12.5%的人认为内部审计不够独立。有52.8%的受访者表示不清楚所在部门进行的内部检查是否有效，9.7%的人则认为内部检查仅流于形式，没有任何作用。31.9%的受访者表示内部监督能及时发现问题，45.8%的人则不太关注和了解内部监督。有13.9%的人认为反舞弊举报渠道不畅通，有12.5%的人表示所在单位反舞弊举报渠道存在严重障碍（见表4-6）。

**表4-6　内部监督调查结果汇总表**　（单位：%）

| 调查内容 | 非常认可 | 比较认可 | 不确定 | 不认可 | 非常不认可 |
|---|---|---|---|---|---|
| 内部审计的独立性 | 0 | 19.4 | 47.2 | 12.5 | 20.8 |
| 内部检查和持续监控 | 2.8 | 22.2 | 52.8 | 12.5 | 9.7 |
| 对问题及时调查、纠错 | 1.5 | 31.9 | 45.8 | 6.9 | 13.9 |
| 反舞弊举报渠道 | 0 | 29.2 | 44.4 | 13.9 | 12.5 |

### 4.3.3　实证结果及分析

#### 4.3.3.1　实证结果

运用因子分析法，得到KMO和Bartlett的具体检验结果（见表4-7）。依据KMO值大于0.6的判断标准可知，表中KMO值为0.871，适合因子分析。

表 4－7　　KMO 和 Bartlett 的检验

| 取样足够度的 Kaiser－Meyer－Olkin 度量 | | .871 |
|---|---|---|
| Bartlett 的球形度检验 | 近似卡方 | 1416.338 |
| | Df | 300 |
| | Sig. | .000 |

根据累计贡献的选定原则和研究的需要确定主成分个数为 7，并对主成分进行归纳和命名（见表 4－8）。

表 4－8　　解释的总方差

| 成分 | 提取平方和载入 | | | 旋转平方和载入 | | |
|---|---|---|---|---|---|---|
| | 合计 | 方差的贡献率（%） | 累积贡献率（%） | 合计 | 方差的贡献率（%） | 累积贡献率（%） |
| 1 | 11.846 | 47.385 | 47.385 | 9.891 | 39.562 | 39.562 |
| 2 | 1.808 | 7.231 | 54.617 | 2.112 | 8.449 | 48.011 |
| 3 | 1.640 | 6.559 | 61.176 | 1.808 | 7.231 | 55.242 |
| 4 | 1.315 | 5.259 | 66.434 | 1.681 | 6.723 | 61.964 |
| 5 | 1.114 | 4.457 | 70.891 | 1.425 | 5.701 | 67.665 |
| 6 | .984 | 3.936 | 74.827 | 1.414 | 5.658 | 73.322 |
| 7 | .944 | 3.775 | 78.602 | 1.320 | 5.279 | 78.602 |

提取方法：主成分分析。

从解释的总方差结果（见表 4－9）中显示的数据可以看出，总共 25 个题目共提取出 7 个公共因子，并依据最大方差正交旋转法进行因子命名。根据旋转成分矩阵，F1 主成分的贡献率达到 39.56%，是最为重要的成分。F1 与内部控制培训、组织凝聚力、机构设置、职能分工以及授权审批、财税信息系统等因素有关。因此，以内部控制整体环境主成分定义 F1。其余的主成分含义则较为明显和直观，F2 为组织战略目标及其关联性，F3 为领导风险意识与风险预防，F4 为人事政策，F5 为向上级反映问题，F6 为加强内部控制学习的必要性，F7 为领导能力。这些主成分对财政部门内部控制制度的具体执行和落实产生了重要的影响和作用。

表 4－9　　旋转成分矩阵

| | 成分 | | | | | | |
|---|---|---|---|---|---|---|---|
| | F1 | F2 | F3 | F4 | F5 | F6 | F7 |
| 内部控制培训 | .820 | .051 | .120 | .046 | －.062 | .077 | .248 |
| 加强内部控制学习 | .279 | .065 | .010 | .154 | .068 | .849 | .014 |

续表

| | 成分 | | | | | | |
|---|---|---|---|---|---|---|---|
| | F1 | F2 | F3 | F4 | F5 | F6 | F7 |
| 组织凝聚力 | .813 | .079 | .159 | .122 | -.154 | .195 | .017 |
| 机构设置 | .745 | -.035 | -.007 | .176 | .305 | -.082 | -.295 |
| 职能分工 | .805 | -.244 | .239 | .114 | .080 | .175 | .067 |
| 领导能力 | .223 | .014 | -.009 | .091 | .127 | .010 | .823 |
| 人事政策 | .207 | .107 | .434 | .641 | -.106 | .315 | .245 |
| 战略目标 | .271 | .666 | .179 | .077 | .481 | .083 | .122 |
| 领导风险意识 | .258 | -.015 | .822 | -.142 | .232 | -.057 | -.175 |
| 风险预防 | .391 | .093 | .683 | .208 | -.231 | .106 | .291 |
| 风险排查 | .785 | .395 | .186 | .126 | .069 | -.041 | .030 |
| 风险点 | .677 | .415 | .306 | -.080 | .005 | -.076 | .023 |
| 工作程序 | .784 | .051 | .062 | .075 | .309 | .078 | .274 |
| 防舞弊措施 | .705 | .355 | .139 | .121 | .109 | .153 | .120 |
| 不相容职务 | .805 | .170 | .155 | .058 | .038 | .242 | .250 |
| 目标之间的关联 | .125 | .900 | -.066 | .069 | -.047 | .054 | -.026 |
| 授权审批 | .818 | .320 | .193 | .040 | .219 | -.003 | .151 |
| 信息沟通 | .549 | .248 | .106 | -.412 | .079 | .368 | .044 |
| 信息的作用 | .103 | .089 | -.094 | .914 | .052 | .060 | .022 |
| 财政信息系统 | .602 | .090 | .096 | -.018 | -.501 | -.377 | .007 |
| 反映问题 | .491 | .171 | .094 | -.052 | .650 | .043 | .245 |
| 审计独立性 | .817 | .136 | .210 | .157 | .240 | .178 | .062 |
| 内部检查 | .749 | .090 | .010 | .050 | .134 | .234 | .185 |
| 及时纠错 | .811 | .085 | .181 | -.015 | .046 | -.022 | .135 |
| 反舞弊举报 | .755 | .189 | .126 | -.141 | -.048 | .157 | -.049 |

提取方法：主成分分析。
旋转法：具有 Kaiser 标准化的正交旋转法。
a 表示旋转在 10 次迭代后收敛。

从结果来看，F1 为内部控制整体环境主成分，是最为重要的因素。其中得分较高的受访者包括 20、29、32、40、43、50、53、62 号，这些人大多数来自省、市级财政部门，这表明当前省、市级财政部门内部控制的整体环境要优于基层财政部门。第二个主成分表现突出的是 20、29、32、40、41、50、52、62 号，这些受访者的职务多为部门负责人或是内部控制机构的负责人，因此他们都比较了解和清楚组织部门的战略发展目标。序号为14、36、45、49、51、57、60、66的受访者在领导风险意识主成分（F3）中得分较高，这些人的职级多为科级，还有一部分为处级，因此在工作过程中表现出较强的风险防范意识。对于单位的人事政策较为满意的受访者为2、19、36、39、44、48、56、60号，他们多集中于省级财政部门。15、29、38、47、49、59、61、64号受访者则认为工作中应当及时向上级反映问题，这些受访者多来自区级和市级财政部门。F6加强内部控制学习的必要性方面，来自基层财政部门的5、22、31、37、39、40、45、57、58号受访者得分较高，这也说明县乡级财政部门需要加强内部控制理论知识的普及和培训。4、24、25、28、44、45、55、56、65、69号受访者表示领导能力（F7）极为重要，也就是说基层人员均表示在实际工作中受领导的影响程度比较大。

根据主成分得分进一步获得综合得分结果，大致可以分成4类。第一类是综合表现突出者。这些受访者大多来自省、市级财政部门，而且往往是科级、处级领导干部，其中不乏内部控制机构负责人。因此，他们对组织内部控制的实施情况比较关注。与此同时，他们所在的部门一般都组织了较为全面的内部控制培训和学习，组织部门的战略目标与各处室的绩效目标有效关联，机构设置也相对规范合理，领导风险意识较强，信息传递较为畅通，针对财政风险采取了一系列风险控制活动和应对策略，定期进行风险排查，并且实施了持续而有效的内部监督。第二类是综合得分良好，这些受访者的所在单位通过组织定期的内部控制培训有效改善了组织整体内部控制状况，内部控制整体环境得到明显优化，在组织范围内初步形成了内部控制的良性运行机制。第三类受访者所在单位内部控制的实施效果一般，他们大多来自区县级财政部门，这些部门的内部控制建设起步较晚，各项具体规定还处于试运行阶段，因此内部控制还没有得到组织范围内全体人员的普遍认可，内部控制的效果还未充分体现。最后一类综合表现较差。这些受访者主要是在基层财政部门工作，由于受到单位整体内部控制制度建设的影响，他们对内部控制的重要作用和实施状况了解不够。因此，基层财政部门内部控制建设还需进一步加强和完善。

#### 4.3.3.2 结论性分析

总体而言，地方财政部门内部控制建设呈现显著特征。从财政部门的层级来看，省市级财政部门内部控制的实施进度、进展状况要明显优于县乡级财政部门，相对来讲，职务级别高的受访者在工作中所体现出的内部控制意识和风险意识普遍比一般工作人员要强。另外，内部控制组织结构设置、领导能力、财政信息系统以及员工的主观能动性等重要因素，都不同程度地影响并制约着组织内部控制的执行和实施。

第一，内部控制实施状况与地方财政部门的级次相关。省级财政部门能够优先了解中央和地方政府的相关政策，信息传递比较迅速，信息掌握比较完备，人力资源和财政资金比较充足。因此，省市级财政部门能够较好地贯彻和落实《财政部关于加强财政内部控制工作的若干意见》的要求，内部控制制度建设均在有序推进和发展完善之中。相对而言，县乡级财政部门内部控制建设相对滞后。一般情况下，县乡财政部门实施内部控制一般都会以省级部门的相关规定和具体做法作为参照和依据，客观的造成了下级财政部门内部控制实施的相对滞后，再加上县乡级财政部门往往与省级财政部门距离比较远，财政信息在传递过程中往往会被削弱，从而内部控制政策的把握能力受到影响。一些基层财政部门财政资金有限，人力资本也不足，因此并没有在内部控制制度方面投入过多的精力。这些因素的存在很大程度上弱化了组织内部控制的制度建设和实施效果。

第二，财政部门单位整体层面内部控制的作用凸显。通过此次实证分析可以看出，在众多影响因子当中，单位整体层面主成分的影响程度最大，其中包括机构设置、职能分工、工作程序、防舞弊措施、授权审批等单位整体环境因素。单位层面内部控制的整体水平影响着组织部门内部控制的实施效果。整体环境优越的部门能够为整个组织内部控制制度的进一步落实和各项业务的具体执行营造良好的约束氛围，同时也可以通过不断完善和优化组织单位整体环境，达到弥补业务层面不足的目的。比如在实际工作过程中，如果由于会计人员的能力不足而导致出现财务报告的错报，则可以对会计业务人员进行定期的业务培训来强化业务管理，降低风险发生的可能性。因此，应当加强组织单位层面整体环境的优化和完善，为业务层面内部控制制度的有效执行创造良好的基础。

第三，员工的主观能动性不容小觑。内部控制是针对组织范围内全体成员以及全部业务活动的控制，而“人”是整个内部控制实施过程中最为重要的因素，也是最为活跃的要素。只有充分调动员工的主观能动性，才能将各种要素进行充分合理的整合。此次问卷调查，有的受访者对组织内部控制的相关规定不了解或是不关心，主观能动性不高，所以内部控制的综合得分也不理想。所以，员工对组织内部的管理水平和内部控制的认知程度越高，其在工作中遵照内部控制制度的主动性就越强，内部控制实施效果就会越好。反之，如果所在单位的各项管理制度得不到员工广泛一致的认可和充分参与，那么设计再完美的制度也会因为得不到很好的执行而失去效果。因此，财政部门应当在组织范围内构建积极向上的组织文化，制定科学合理的人力资源政策和晋升制度，全面调动不同职级的人员广泛参与内部控制建设，将内部控制内化为一种责任和义务。内部控制制度只有得到所有员工的认可和参与才能达到更好的实施效果。

第四，领导胜任能力和风险管理意识有助于提升组织整体内部控制水平。财政部门实行的是层级领导制，这种管理模式的特点就是通过各级行政指挥和命令，按照纵向管理的形式自上而下地贯彻执行各项政策和制度。与此同时，相比企业而言，地方财政部门内部各层次的委托代理关系缺乏竞争，大部分员工在工作中都遵照组织部门的工作程序和领导的具体指示来行事。因此，一方面领导者可以通过其自身的工作方式来影响和引导下属树立良好的内部控制意识，提高自身的主观能动性；另一方面，也可以在日常工作中通过行使领导权力来约束下属的行为，从而增强内部控制实施的有效性。因此，单位组织领导对于工作整体流程和风险管理具有举足轻重的作用。

## 4.4 内部控制的问题及困境——以某财政局为例

在进行问卷调查的过程中重点对某财政局相关人员进行访谈，对其内部控制的具体情况做了更进一步的调查和分析。该局为市政府工作部门，正局级建制，内设预算管理局、政府采购监督管理处、经济建设处、行政事业资产管理处、国库处等职能部门，同时下设多个局属事业单位，主要负责贯彻执行国家的各项财政方针政策和相关法规制度，并拟定和执行市财政税收政策及其他改革方案，管理市公共财政支出等。

通过在全局范围内建立和实施内部控制制度，组织内部控制不断加强。按照省财政部门要求，结合自身业务发展需要，该局制定和出台了涵盖财政预算管理、政府采购管理、政府债务风险管理、非税收入管理、会计管理、信息化管理等重点业务的规范条例。这些制度与程序规范明确了本级财政管理过程中主要业务流程的相关岗位及其职责、控制活动、管理要求及表单要求等，并将内控要求嵌入业务流程管理。同时，在实际操作和执行过程中，有些重点业务操作和制度程序日渐规范成熟，比如结合实际情况，严格按照规定时限完成财政专户清理整顿工作，每月定期与银行对账，并仔细核对财政端和银行端各项财政资金的相关数据情况，对月报表显示不一致的情况积极核查原因。另外，为加强对预算单位授权支付的财政性资金管理，他们还成立了市财政资金支付审核中心，创新对预算单位使用财政资金授权支付方式的监督模式，其开创性的做法走在了其他财政部门的前列。由此可见，该局的内部控制取得了积极的成效。但是，一些职能部门也存在内部控制松散、风险意识不足、监管乏力等现象。这些实质性问题是困扰该财政部门内部控制发展的难题，也是未来一定时期地方财政部门内部控制完善和改革的落脚点。

### 4.4.1 内部环境有待优化

组织单位的整体内部环境是内部控制有效贯彻执行的基础，可以为作业层面各项业务活动的规范执行提供良好的环境约束，而一些职能部门内部环境不容乐观，管理制度不健全、内部控制意识不强等现象依然存在。

#### 4.4.1.1 制度不健全

健全的制度安排和规范程序是组织人员在进行业务活动时的具体参照和行为指南，因此法规制度是实施有效控制的重要前提。但是，组织部门现行的制度还存在不完善之处。目前，该财政部门缺乏完善的非税收入划款管理制度和书面工作规程，工作人员在非税收入划转工作中没有相关管理制度的指导，业务流程办理缺少规范的依据，导致各相关岗位职责不明确，划款业务活动不规范，从而很难形成有效的内部控制。同时，该财政部门迟迟未建立针对财政信息安全管理和机房管理的制度和章程，致使相关工作人员在工作中无章可循，加大了财政信息泄露的风险，而且也没有制定具体的业务学习计划和人员培训机制，未开展定期的信息系统安全教育及相关培训。另外，账户及权限管理无制度依据，进一步加大了财政账户及权限申请不规范现象出现的可能性。受到人事编制的约束，国库处的工作人员在同一个岗位上连续工作的时间早已超过相关制度规定的年限要求，但是仍没有进行岗位轮换。这种情况很有可能导致财政资金的运行风险。与此同时，由于尚未建立规范的风险评估机制，无法实现对国库业务管理过程中的各项内外部风险因素的定期识别与评估。

#### 4.4.1.2 内部控制意识不强

内部控制意识体现了组织部门内部人员对内部控制重要性的认识程度，是内部控制环境中重要的组成部分。有些职能处室的管理者以自身仕途发展和事业政绩的发展要求为中心，往往关注单位的整体绩效考核，忽略了单位内部控制建设，更没有深入学习和了解实施内部控制的必要性，所以认为内部控制无足轻重，只要认真贯彻执行现有的管理制度就足够了，无须再实施内部控制制度。也有的领导干部表示财政部门的重要责任在于有效进行公共管理，没有必要向企业一样进行相关的成本核算，即使是有需要，也应当由单位的财务机关和审计部门来具体负责成本核算问题，与自身并无多大关联，实际工作中只要是合乎组织单位的工作程序即可，所以没有对下属进行必要的监督管理和内部控制的引导。此外，由于缺乏对组织成员进行定期的业务培训，财政系统管理员的信息安全意识和内部控制意识淡薄，计算机技能和业务操作能力未能得到有效提升，甚至不能驾驭本职工作。

#### 4.4.1.3 授权审批程序不完善

通过访谈了解到，目前该财政部门由专门的业务人员负责财政专户、市直单位银行账户和零余额账户的变更与维护工作，但是银行账户信息的维护没有相应的领导审批记录，这说明该项业务流程存在授权审批不合理现象。另外，财政信息系统管理员授权过大，未进行适当权限分离。现实情况是系统管理员既担任预算指标管理系统管理员，又负责预算支付系统的实际管理工作。由于缺乏正式的安全管理岗位职责分工文件，信息系统管理员岗位职责划分不明确，难以形成对财政信息安全的有效控制。同时，按照有关规定根据工作需要借阅档案时，要履行严格的审批手续，相关分管领导批准后方可借阅，但实际情况是有些档案管理人员并未对财政资料的借阅情况进行登记备案，也没有档案借阅审批登记记录，从而导致档案滥用与丢失，造成财政资金信息的泄露。

### 4.4.2 风险的不可控性

该财政局对组织范围内的财政风险进行了排查与分析，发现了一些重点业务流程内部控制的缺陷，但是由于风险甄别不到位，基于风险分析而进行的控制活动不能被充分落实，从而很难形成对风险的有效控制。

#### 4.4.2.1 风险识别不全面

在地方财政部门的管理过程中，风险主要来自单位层面和作业层面。单位层面风险主要来自组织的机构设置状况、组织文化的建设、决策审批政策、财政信息等方面的风险。作业层面的风险多集中于各项业务活动的关键流程，预算编制和执行风险、工程建设项目的招投标风险、政府采购业务、财政收支等都是重要的风险点。该财政部门更多关注业务层面的风险，重点对银行管理业务、支出拨付管理业务以及会计核算等业务进行风险排查，却忽视了单位层面的风险排查，而单位层面的风险有可能会加剧业务层面的风险。比如，有的部门组织设置混乱，责任分工不明，甚至出现一人多职现象，造成相关人员权限过大。同时，一些工作程序和制度的缺失也进一步加大了业务操作层面的风险。比如，因为未制定外部单位和人员访问财政系统的相关规章制度，所以外部人员可以不签订保密协议，不经过管理层的正式授权就可以访问财政信息系统，财政信息的安全性和保密性可能受到威胁。

#### 4.4.2.2 风险分析不到位

风险分析是在风险识别的基础上对发生风险的可能性以及影响程度的进一步分析。准确的风险分析是组织掌握风险并进行有效控制的关键环节。目前来看，财政部门的特殊性质使得组织部门主要以内部风险评估和分析为主，很少让专业风险机构来参与实施风险分析，导致风险分析不够深入和准确。比如，在政府采购过程中，为了保证采购业务的独立性和严密性，该工作由专门人员负责，但是由于缺少对市场行情的了解，对于市场需求和价格规律的判断不够准确，风险分析结果大打折扣。与此同时，针对业务流程进行的风险评估仅仅是对某一具体环节的检查，忽略了风险之间的关联性和内在联系。比如，该财政局信息管理中心没有建立相应的应急预案管理制度，也未定期进行财政信息安全应急演练。这些虽然是执行层面的内部控制缺陷，但也与单位层面普遍缺乏内部控制意识有着必然的联系。

#### 4.4.2.3 风险评估机制缺失

地方财政工作会随着经济不断发展而出现外部环境越发复杂、财政业务细化的现象。地方财政部门工作所面临的风险也逐渐由个体化的单一风险向集体化的系统性风险转化，个体活动的风险极有可能转变为单位层面的整体风险。从所调查部门的实践情况来看，由于当前尚未建立规范的风险评估机制，该部门无法实现对国库相关业务管理过程中各项内外部风险因素的定期识别与评估。与此同时，该组织部门没有在单位内部建立全面有效的风险机制，形成的风险意识大多集中于财政专户管理、支出拨付管理、非税收入管理等主要业务方面，而忽略了业务之间的联系及对组织部门的整体影响。另外，该部门尚未制定和发布本单位的应急预案管理制度，也未定期开展信息安全应急演练，导致应对突发事件的应急处理能力不强。

#### 4.4.2.4 控制措施效果欠佳

风险识别与分析不到位，使得各项控制措施针对性不强，控制力被大大削弱。比如，为了有效规避财政风险，该单位有时在政府采购过程中会聘请一些代理机构代为进行采购，从而将风险转移给代理机构。这样的做法在一定程度上能够降低财政风险，代理机构可以承担一部分违约风险，却不能完全防范风险，因为选择代理机构也同样会产生风险。如果代理机构在采购过程中自身发生了风险，也会导致采购业务的失败，甚至导致腐败事件的发生。同时，作业层面有些控制措施无法有效执行。比如，由于受到单位人员编制的制约和组织机构设置刚性的影响，预算编制、审核等岗位全由一个承担，无法落实不相容职务分离的有效控制。这样的情况下，有可能出现将财政预算收入隐瞒不报的情况。预算部门工作人员之间没有相应的岗位轮换，从而加大了财政资金运行的风险。另外，有些部门在出租、出借、处置实物资产过程中，没有严格执行授权审批制度，造成随意性较大、控制不严，使得一些资产去向不明、无法追回，导致国有资产的损失。

### 4.4.3 信息不对称加剧

及时了解和掌握信息是有效开展各项工作的前提条件，也是决策层对组织重大问题和事件做出决策时的重要参考。然而，信息传递机制的影响以及财税信息系统的不完善致使财政信息不对称加剧。

#### 4.4.3.1 信息沟通不畅

受到信息传递机制的影响，信息在上传下达过程中被层层弱化，可信程度受到影响，同时造成了信息传递的时滞性。有些业务活动需要不同部门之间相互协作来完成，但是出于权限要求和信息保密的考虑，很多信息都不能实现即时共享，必须向管理层汇报并进行审批。在这期间，业务活动有可能发生一些预料不到的变化，相关人员仍要再次向部门负责人请示，从而造成信息滞后，也导致很多工作被延误。信息交流与沟通不畅还表现在收集与整理财政信息的过程中，各种信息统计的过程缺乏部门之间的合作与协调，在财政部门的后续工作中会出现信息不对称现象，资金收支记录会存在时间不对等问题。这些问题的存在增加了工作任务的复杂性，导致部门工作效率下降，资金安全受到威胁，也使收集到的财政信息缺乏真实性和全面性，不利于信息及时有效地向上级决策管理层传达。另外，决策层对组织重大问题进行决策时，所掌握的信息也都是来自管理部门上报的信息，而该局尚未制定日常问题申请处理机制，因此针对日常问题的上报及处理程序呈现混乱状态。安全事件上报和响应机制缺失，安全事件等级划分、上报程序和响应要求无相关文件规定，基层人员不能及时向上级反映问题，致使领导层不能掌握相关问题，从而不能及时予以解决。

#### 4.4.3.2 财政信息系统薄弱

财政信息系统的发展使得重要的信息数据可通过财政信息系统及时传递和反馈。随着地方财政管理环境的日益变化和业务活动范围的不断扩大，出现了海量信息数据，但是受到财政信息化程度的制约，很多信息都不能通过该系统实现及时充分的共享。比如，该局对下级部门的补助专款信息数据不能自动进入下级部门的财政信息系统，从而不能反映补助专款的最终支付情况。同时，财政信息系统还存在着安全隐患，尚未建立健全财政信息安全管理总体政策和策略，缺乏统一的执行依据和操作规范，而依据上级单位发布的安全管理方法制定的信息管理制度也未能贯彻落实到具体执行人。另外，该单位包括数据备份频率、备份时间、备份地点等重要内容在内的数据备份管理制度建设一直处于空白状态，进而导致财政系统存在安全隐患。

#### 4.4.3.3 会计和财务对账不充分

目前，该局国库集中支付系统中总账设置以政府收支分类科目为依据，非税收入收缴系统中的项目依据是市本级部门和单位非税收入的项目目录，非税收入会计记账系统中相应科目的使用应当以会计原则为指引。由此可见，3 个系统使用的是 3 个标准和依据，相应科目存在一致的情况，从而增加了会计对账的难度。实行会计集中核算后，财政部门与具体核算单位会计信息沟通不及时，造成会计核算中心只管账不管物、预算单位只管物不管账的混乱状况，进一步加剧实物资产与会计账目的分离。同时，因为整个财政系统与各预算单位之间没有建立统一的财务核算系统，无法实现对直属预算单位相关财务数据的集中管理，所以财政支付系统的支付信息不能及时、自动地传送到预算单位，并自动产生相应的会计核算凭证，从而无法有效监管各预算单位的财务运行情况。另外，该组织部门会计记账每月进行不定期的稽核，发现问题后告知会计核算人员，但未形成相应的书面稽核记录，导致对会计稽核缺乏相应的证据，给后续会计稽核工作造成困扰。

### 4.4.4 监督评价乏力

现阶段，监督乏力现象普遍存在于地方财政部门，该财政局监督评价工作也不容乐观，原因在于没有建立独立的内部监督评价机构来具体履行监督职能，同时也缺乏针对组织单位层面和作业层面设计的内部控制评价体系。

#### 4.4.4.1 监督机构不健全

组织的内部监督评价是一项重要且极富挑战性的工作。因此，需要建立专门的内部监督评价机构，同时要配备业务知识扎实、熟悉现行各项法律规定、风险管理意识强的专业人员来具体执行监督工作。现实情况是，受到组织机构设置的影响和人员编制的限制，该局设置的内部监督机构隶属于财务部门，内部监督机构的独立性不强，无法正常开展内部监督评价工作。在这样的监督模式下，内部监督形同虚设，根本起不到真正的监督作用，也阻碍了地方财政部门内部控制体系的建设。同时，内部监督人员基本由会计人员担任，这些人员虽然具备良好的会计控制能力，但由于缺乏一定的风险管理意识和内部控制评价的职业判断力，内部评价的可信度受到影响。同时，一些职能处室也没有建立相应的监督管理岗位，如信息中心没有建立专门的机房安全监督管理岗位，因此没有对机房日常安全进行必要的巡检和监督管理。

#### 4.4.4.2 监督效果不佳

组织部门内部监督的主要形式包括日常监督与专项监督。内部监督机构设置不健全，监督人员执行力不够致使内部监督的效果乏力。例如，根据内部控制的要求，财务部门负责相关部门财政资金活动的日常监督工作，对于财政资金活动的每个关键环节都应当进行有效的监督管理。按照组织规定，采购大型物品时采购员必须对采购业务的相关凭证进行仔细核实，财务部门相关人员应当再次确认所有信息无误之后方可履行付款手续。相关人员都按照程序办事就会大大降低采购业务的相关风险。但是，在具体执行过程中，财务部门的相关人员与物资采购人员之间可能存在利益上的联盟，因而放松了对采购业务的监督，致使日常监督效果大打折扣。同时，针对组织单位重大事项的专项监督，也都是决策层的自我监督，专项监督流于形式。

#### 4.4.4.3 内部控制评价缺失

该财政局针对重点业务进行了风险分析，并将内部控制的缺陷粗略地界定为制度缺陷和执行缺陷。具体而言，制度缺陷包括市级预算单位银行账户管理制度未及时更新、缺少非税收入划款流程的工作规程以及尚未建立人员培训机制等，执行缺陷则集中于财政专户等银行账户撤销档案的相关资料未及时归档、票据台账管理不完善以及尚未对系统账户进行定期审阅等方面。监督机构没有对这些缺陷之间的关联性以及缺陷的影响程度和对组织可能产生的破坏性做进一步的分析。原因在于，我国尚未形成公认的内部控制评价体系，因此没有科学的标准，致使各级地方财政部门在进行内部控制评价时难以解决评价指标、指标权数和构建评价模型的难题。因此，现行地方财政部门内部控制机制介入性弱，缺乏结合组织部门单位层面特点和作业层面流程规范设计的内部控制评价体系，重在事后监督，具有明显的滞后性和被动性，很难对财政资金分配进行及时监督，以至于不能采取有效的措施弥补和纠正不足，从而降低了内部控制的有效性水平。

# 5

# 地方财政部门内部控制的整体优化与流程规范

建立有效的内部控制制度有助于提高地方财政部门的管理水平、有效防范地方财政风险，也有助于我国社会主义公共财政框架的建设。因此，应立足地方财政部门内部控制的理论分析和现实考察，从地方财政部门单位层面的整体优化和作业层面的流程规范角度提出完善内部控制的优化设计。

## 5.1 全局视阈：单位层面内部控制设计

地方财政部门单位层面为组织的正常运作和发展提供了一个稳定的环境，并且这种环境会长期影响组织成员的工作效率和作业层面的具体操作。单位层面的优化对组织内部控制的实施和执行起着至关重要的作用。因此，结合当前地方财政部门单位层面存在的问题进一步优化单位层面的整体环境，有助于作业层面各项业务的规范执行。

### 5.1.1 健全地方财政部门组织架构

组织架构作为地方财政部门内部环境中最为基础的制度安排，主要包括单位决策层、管理层、业务层的机构设置及其具体的职责分工，单位的人员编制情况，各项工作的详细操作程序等重要内容。因此，完善的组织架构是内部控制实施的必要条件。

#### 5.1.1.1 健全机构设置

应根据权责清单的要求，设置包括审计委员会、党委纪检和监察机构，并组建地方财政部门内部控制机构。审计委员会隶属于预算委员会，主要对本部门以及直属单位的预算编制执行情况、财务报告的信息披露进行必要的监督检查；党委纪检部门负责对党员的日常工作生活进行监督，严格党内纪律约束，进行党风廉政建设；监察机构主要对本部门全体公务人员进行监督检查，保证政令畅通，促进公务员切实履行职责，克己奉公，廉洁自律，依法照章办事，勤政高效地为完成好组织交办的各项工作，切实做到利为民所谋。内部控制机构全面负责单位的内部控制工作，负责确定财政局内部控制政策，审定重大风险和重要业务流程的管理制度及内控机制，部署内部控制的重大事项和管理措施，指导和督促各单位建立和完善内部控制制度、程序和管理措施，对组织内部控制实施状况进行必要的监督和评价，及时发现内部控制的不足和薄弱环节并及时采取有效措施进行纠正完善，以实现组织内部控制水平的不断提升和优化。

#### 5.1.1.2 明确岗位职责

岗位责任制是明确各科室工作中的总体职能、具体职责和职位的说明书，将各组成科室以及具体岗位的职责、任务、目标等指标具体化，并明确责任落实制度。建立岗位责任制使每个员工明确自己的具体职责，做到各司其职。组织部门应当根据组织机构设置的具体情况，结合地方财政部门发展战略目标，明确各部门及相关工作人员在内部控制中的具体责任。例如，内部控制机构的主要职责是牵头拟订内部控制基本制度，组织对财政管理各项业务内部控制的实施规范和内部控制制度的落实情况进行检查、考核，报告内部控制体系运行情况，对内部控制存在的问题和缺陷进行评估，进一步提出解决方案并督促整改落实。预算部门应该根据财力可能，适时对各部门预算支出的定额标准进行调整，提出符合部门实际的单位分类分档方案，同时对既定政策进行梳理。监督部门则主要对组织部门及直属单位财政政策的落实情况和资金使用运行状况进行专项督查，同时进行内部审计，对专项资金的使用和效益进行评估，明确代管资金、现金收付、财务核算等方面存在的问题，并督促加以整改。同时，岗位责任制也可以作为参照指标对部门以及机关工作人员进行绩效考评。

#### 5.1.1.3 完善决策机制

依据各项决策事项具体性质的差异可将决策机构分为党组会议、领导办公会议和预算委员会。党组会议主要负责贯彻上级部门的决策、指示和工作安排，制定组织范围内关于党的思想、组织、制度、作风建设和反腐倡廉方面的重要实施方案，以及与领导办公会议共同研究审定拟上报上级部门的所有重要请示、报告。领导办公会议成员是地方财政部门的主要领导，全面负责组织部门重大事项的决策工作，比如制订地方财政部门的年度工作计划，研究制定财政管理工作的规章制度，制定本部门的内部控制、重要的人事任免政策等。同时，拟向上级部门上报的各项请示和报告均由党组会议和领导办公会议共同决策。预算委员会则由领导班子成员、财务部门及其他职能处室的相关负责人构成，具体负责对组织机构及直属单位的财政预算管理和预算资金的拨付、使用等重大项目进行决策。

### 5.1.2 组织发展战略目标的明晰

地方财政部门的发展战略是指地方财政部门在未来一定时期内所要达到的总体目标，可细分为具体的定性目标和定量指标。把握战略目标的客观基础，对制定地方财政部门的发展战略目标至关重要。就地方财政部门而言，制定客观翔实的发展战略主要依据以下三点：

#### 5.1.2.1 以实现总战略目标的整体需求为先导

地方财政总战略目标客观上可以反映地方财政收入预期将达到的整体规模和增长速度。当经济效益持续提升时，财政收入增长率就会有所上升。受国家经济下行的影响，地方经济发展有所放缓，地方财政收入势必有所减少。因此，地方财政总体发展战略会依据经济发展形势进行适当的调整。那么，地方财政部门的发展战略目标应当与总战略目标步调一致，进行相应的修正和完善，而不能脱离总目标继续执行原来的设计，这样就会导致财政支出的过快增长，甚至出现财政风险。因此，地方财政部门发展战略目标所涉及的财政支出计划要明确着力点和重点指标，切不可粗放增长，同时还要结合国民收入和社会总产品分配过程的大趋势。当国民收入分配过程发生变化时，地方财政部门发展目标也必须随之调整。

#### 5.1.2.2 以加强服务型政府建设为落脚点

党的十八大报告提出我国“建设职能科学、结构优化、廉洁高效、人民满意的服务型政府”。服务型政府建设，实质上就是由过去单纯的行政管理向以公民的意愿和利益、行政的公平公正的服务转型政府转变，提供更加优质多样的公共服务，从而形成先进的、符合时代发展趋势的政府行政价值取向。作为一种新的政府行政模式，当今社会价值的多元性使得服务型政府同样呈现多元性特征和价值，如公平、民主、效率、平等、责任、公共利益等并存的行政模式。服务型政府的核心价值尤为重要，任何公共行政理论与规范都需要可以领导政府决策与行动规范的核心价值，引导行政价值取向。唯有如此，才能把握好服务型政府的内在要求，使政府依照“规范性标准”行政。因此，服务型政府的核心价值取向不仅反映构建和谐社会的价值定位，而且体现了对社会发展内在价值尺度的衡量。地方财政部门的发展战略目标就是要建立服务型政府，为社会公众提供更好的公共服务，履行公共受托责任。只有不懈地追求行政正义的民主价值，才能使地方财政部门在行政管理过程中将维护人民利益和维护人的尊严作为最基本的一项义务，建设以正义为核心价值的服务型政府，使行政过程在法制的框架内进行，在“公共利益”与不同的私人利益之间进行博弈，最大程度避免人为因素对公共服务造成的不利影响，最终实现公共财政的发展目标。

#### 5.1.2.3 以有效防范财政风险为原则

随着地方政府职能的不断扩大，地方财政支出规模日益增大，地方财政风险进一步加剧。政府是社会风险的最终承担者，所有的风险都有可能由于发生风险的组织部门自身无法承担而转嫁给政府，财政则负责最后的“兜底”工作。因此，地方财政部门应当以防范财政风险为原则，立足财政的特殊职能，加强财政部门内部控制的建设，在提升自身防范风险能力的同时，将风险管理的意识贯穿落实到与其他各级政府部门、企事业单位以及银行金融机构的业务往来中，从而积极影响和引导其他组织部门加强风险的自我防控。通过进行组织的自我风险管理，可有效降低该组织发生风险的可能性，进一步规避地方财政风险，从而达到防范风险的目的。因此，脱离财政的风险管理原则而制定战略目标，既不可行，亦不长久。

综上所述，需要综合考虑以上因素来制定财政部门发展的战略目标。同时，战略目标是一种对未来的预期，地方财政部门进行财政管理的过程中还应当结合各种因素的变化适时调整战略目标，进行有效的目标控制，从而降低财政风险，最终实现财政发展战略目标。

### 5.1.3 构建组织文化和完善人力资源管理

#### 5.1.3.1 组织文化建设

比较而言，内部控制是有形的，多属于刚性他律，而组织文化是抽象的，多为弹性自律。内部控制制度既是组织文化的工具，又是组织文化的产物；组织文化作为内部控制的灵魂，是内部控制的有力支撑。同时，组织文化的构建与内部控制的有效实施具有高度统一性，相辅相成。一方面刚性的内部控制系统有利于维护正常的内部控制秩序，有利于对员工进行内部控制效果量化相关的管理，具有抑恶扬善、正向强化的作用；另一方面，软性的组织文化可以对员工的意识和行为全面形成“软”性约束，从而激发员工自主控制意识与行为，达到员工自控与自律的目的。因此，构建和谐进取的组织文化是提升内部控制的重要方面。

第一，完善制度建设。地方财政部门可以加强管理流程的设计，比如项目开发流程、财政管理制度以及行政管理制度等一般性管理规章制度，加强对员工的制度约束；同时，制定员工行为准则和各种责任制度，明确员工的责任和义务，使员工在工作的过程中具有强烈的使命感和责任心。另外，组织还可以制定一些符合本部门特点的特殊制度，比如考核激励制度、召开总结表彰大会等。通过公开鼓励和表扬工作表现突出的员工，并将其树立为组织的先进典型，创造积极向上的工作环境。

第二，精神层面设计。一般来说，组织部门的文化主要体现为组织部门的整体风气和工作人员的精神面貌。在组织的运行及内部管理中，部门文化发挥的作用日渐凸显。地方财政部门应不断加强文化建设，培养工作人员正义的价值观，增强事业心、社会责任感和为人民服务的意识。同时，组织应当定期组织员工进行学习和干部培训，以提高自身理解思考和观察分析的综合能力，提升业务的执行力。内部控制的有效性受多种因素影响，人是最重要的因素。在人的因素中，领导者是决定因素，下级员工在工作过程中势必受到上级领导工作态度、价值观等方面的积极影响。因此，领导管理阶层应该适时起到表率作用，从而对组织人员的内部控制意识发挥积极正面的影响。

第三，加强组织文化宣传。地方财政部门可以通过自办报纸、刊物、计算机网页、宣传册等方式，加大对组织文化的宣传力度，让更多的员工能及时了解组织文化的动态；在组织范围内通过定期开展形式多样的文化体育活动，来增进员工们之间的团队合作意识，促进他们之间的交流和合作；还可以在办公场所和走廊等醒目地方贴一些积极的宣传标语，使员工的工作环境充分显现组织积极向上的文化氛围。

### 5.1.3.2　人力资源政策

领导者作为组织单位的掌舵人，可以在组织中获得权力并树立威望，对组织各项制度和机制的有效运行、组织的生存和发展有着极其重要的影响。Pfeffer J.（1992）认为管理过程可以被看成权力贯穿行使的过程，是通过不同权力的拥有和实践来促进被管理者参与和贯彻实施的过程。① 在内部控制系统中，人既是主体又是客体，组织部门应当制定科学合理的人力资源政策，从而有效调动员工的主观能动性。

① Pfeffer J. Understanding power in organizations ［J］. Californa Management Review，1992，34（2）：29 – 50.

第一，选拔优秀的人才。地方财政部门根据组织业务的需要将拟招聘的岗位上报相关人事部门，然后录用通过公务员考试的优秀人才充实财政队伍，同时做好岗位培训和后续专业技能的学习工作。人力部门的主要任务之一就是对员工进行培训，培训的目的是提高员工的业务技能和综合素质，使员工充分了解财政部门的各项规章制度和业务操作规程，并能适应组织制度的调整、环境的变化及各种突发性问题。同时，要加强人员的职业道德教育，不断提升员工的职业道德水平。组织单位还要建立工作绩效考核制度，对表现突出的员工进行适当奖励，并根据工作的需要对优秀的员工给予晋升，这样可以提升员工对于组织的忠诚度以及工作过程中的归属感；对于违反组织管理规定的员工也要给予必要的惩戒，做到组织范围内的赏罚分明。与此同时，应强化对组织范围内所有员工的内部控制培训，提高员工的风险防范意识，在组织范围内努力营造风险文化，并加强对关键岗位的管理，实行定期的岗位轮换，比如对组织部门会计、出纳等重要岗位，要实施不相容职务分离制度和严格的轮岗政策，并制定严格的限制规定，以充分约束涉及组织单位机密员工离岗后的行为。

第二，薪酬制度与考核制度。以合理公平为原则，确定明确的薪酬标准。在制定具体的工资制度时，应当充分考虑各层次人员之间的差别，如组织部门不同级别的人员由于承担的责任和风险不同，工资水平也会有差异。同时，有些员工因为工作需要经常出差或者工作比较辛苦，则在制定工资标准时可以适当考虑增加工资补助，以体现岗位工资的待遇差别。另外，对于组织部门员工的绩效考核，则应当充分结合内部控制制度对于员工责任分工的具体要求，将内部控制执行情况细化为各项考核指标——如考查员工是否通过内部控制的业务培训学习，是否了解操作流程的风险点——这样既有利于实施对员工的绩效考核，也使员工能明确自己工作的方向和具体目标，从而能够更好地开展工作。

第三，可以适当引入信息机制和声誉机制。在西方市场经济制度较为完善的国家，信息和声誉机制能够发挥良好的促进作用。近些年，随着市场经济体制的日趋完善，信息化程度显著提高，为我国发展和引入信息机制、声誉机制创造了良好的技术平台与制度环境。地方财政部门在健全内部控制制度的过程中，可以适时引入信息和声誉机制。比如，组织可以采取定期对外公开报告组织单位的内部控制制度建立和落实情况、相关单位责任人或主要责任人公开承诺、公布内部控制审计意见等措施。

### 5.1.4 规范决策审批程序

决策审批控制就是要求组织内部控制各职能部门严格执行授权审批的相关制度规定，明确各个部门和岗位在具体工作中承担的责任和权限，规范各项审批决策程序。具体而言，要明确地方财政管理各项业务活动的授权审批机构、审批流程、审批具体权限等，从而提升财政管理的规范化程度。要实现对决策审批的有效控制，应当从以下几方面入手：

#### 5.1.4.1 完善议事决策机制

组织部门应当结合单位人员编制、组织规模、管理水平等实际情况，设置专门的内部控制相关岗位，并进行合理授权，要求内部控制机构全面负责组织的内部控制工作。同时，组织还应当加强决策议事制度的完善。对于金额重大的事项，比如大额财政预算资金的拨付使用、大型建设项目等重要事项的具体审批，应当由党组会议、领导办公会议等进行集体研究，重大的建设项目在立项之前，必须聘请专家进行项目的可行性认证和技术方面的指导。

#### 5.1.4.2 明确授权界限和责任

地方财政部门为实现组织的发展战略目标将各项任务进行分解，最终由不同的部门、人员去执行和完成各项具体工作，在整个业务活动过程中形成了委托代理的链条和由上而下的不同层次的授权代理关系。因此，必须明确被授权者行使权力的具体范围，避免出现权责不清的问题。同时，在具体授权的过程中，领导者可以根据具体行政任务的需要和特点，进一步明确其工作的重点内容与范围。行政授权内容确定后，上级领导即可依据指派工作的性质、具体任务的重要性、工作量的大小以及复杂程度等，在下级中选择适当的授权对象，将工作具体分工到每个人，并在整个授权过程中实施对下属实际操作的指导和督促，以帮助下级更好地履行职责。

#### 5.1.4.3 严格执行审批程序

行政授权形成后，组织部门要采取目标管理的方式对被授权者进行约束，并建立各项授权审批程序来规范授权审批的具体执行，从而有效避免违规审批、越权审批等情况的发生。上级领导可以针对下级部门具体的工作目标提出明确的要求，比如对下属工作所要完成的绩效目标、完成工作的具体时限以及应当承担的责任等提出具体的要求，这样下级部门在工作中就有了具体的行动方向和依据，可以明确审批权限，提高工作效率。同时，还应建立必要的监督检查制度，来对具体的业务活动进行必要的监督检查。例如，现阶段在计划年度内追加预算的现象仍普遍存在，所以预算追加仍是内部控制的重点。因此，地方财政部门应当根据各地经济发展的具体情况和追加资金的性质，因地制宜制定预算追加的授权审批制度，并加强对直属单位预算追加的监督管理。

### 5.1.5 财政信息系统的稳定运行

地方财政部门负责地方财政管理的所有工作，包括各级地方政府部门的预算管理、财政资金的拨付使用等，因此需要及时掌握来自其他政府部门、企业、金融机构的相关信息数据。伴随着财政信息化程度的提高，大量的信息通过财政信息系统来获取，实现了财政信息跨部门的数据整合与共享。因此，地方财政部门应当充分利用财税信息系统来规范财政收支管理活动，加强财政信息化控制，最大限度减少人为因素的干扰，最终形成畅通有效的信息传递渠道，从而保护财政信息的安全。

#### 5.1.5.1 岗位分工控制

单位应明确财税信息系统的岗位责任。一般而言，信息管理岗位主要包括技术岗、内务岗和综合岗。机房环境以及门禁系统的维护，机房设备的安装调试与升级等日常管理工作都是技术岗位的主要职责；内务岗主要承担各类信息文档的整理与归档、业务培训以及领导交办的其他工作；综合岗的工作则集中在信息管理的日常行政事务方面，具体包括制定信息管理工作的发展规划，负责中心文、办、会、电的登记与传阅以及信息撰写等工作，组织各种信息管理业务的重要会议等。此外，计算机操作人员主要负责计算机应用程序的正常运行；对业务数据的综合分析和严格审核，并维护组织数据资源的稳定性以及应用程序的监控工作都是计算机复核人员的具体职责；计算机主管则全面负责财政信息化的相关工作，保证财政系统的正常运行、设备安全以及定期对财政信息数据进行备份。同时，财政信息数据的获取和录入还必须通过主管部门审批。在实施内部控制过程中，应当将申请、审批、具体操作等岗位进行职务分离，以实现岗位之间的相互牵制。各单位可以对财税信息系统实施归口管理，指定专门的业务机构负责信息系统运行、维护等工作。单位财务部门也要承担相应的职责，及时核实检查本单位财政信息系统各项业务数据的准确性。

#### 5.1.5.2 系统访问安全控制

信息系统访问安全控制分为物理安全控制与权限控制。物理安全控制是对计算机主机安全的维护，主要涉及对维护区域内计算机服务器和路由器等的选装，检查进出机房的电缆和电线是否安全，是否限制无关人员进入工作区等，从而保护工作区地点的安全，降低发生风险的可能；权限控制则通过组织制定操作系统的安全准则、建立相应的账号审批制度和用户管理制度来实现，严格规范访问权限，防止财政信息的泄露。地方财政部门应当建立规范的数据和信息系统管理制度，加强访问权限和使用授权的管理，从而确保数据来源的准确性和数据应用的规范化。

#### 5.1.5.3 财政信息系统的开发控制

财政信息系统的开发形式主要有3种：一是组织部门内部控制的自主性开发，二是与其他单位的合作开发，三是直接授权委托符合条件的企业部门代为开发。无论是哪一种形式，其开发过程均应注重对管理计划、执行控制等重要环节的控制。除此之外，还应注意控制对财税信息系统的测试和具体验收控制。测试控制主要涉及对测试数据的具体设计、测试结果的输出以及对测试结果的详细分析。测试验收控制的目标就是发现系统设计是否存在错误，权限代码的编排是否有误等。同时，组织部门应该建立自成一体的技术团队。一方面可以强化对财政系统的技术开发和日常监控，随时关注信息系统运行情况，以便发现隐患时做到及时处理和上报；另一方面，可以加强与外部厂家和集成商的协调沟通，确保在发生故障时第一时间进行响应和处理，全面提升信息系统抵御外部攻击的应急能力。

#### 5.1.5.4 信息系统的升级维护控制

总体而言，信息系统的维护控制可以通过建立信息系统的变更管理流程，规范信息系统的具体工作流程以及各子系统的操作程序来实现。组织部门可以设置专门的计算机中心或者委托专业的计算机机构进行财政信息系统的管理与运行维护。选择委托机构时，应当对该专业机构的相关资质等级予以确认，进一步核实是否符合组织部门的要求，并与其签订合同以及涉及财政管理的保密协议，以法律的形式确立委托代理关系。具体实施系统维护控制，主要是针对硬件和软件两方面的维护控制。组织单位的机房一般应当设置在适合、安全、隐蔽的物理环境之下，确保计算机硬件的安全；软件维护控制，一般包括预防性维护和完善性维护等。预防性维护的目的是保证应用系统的延续性，以适应信息技术的发展变化。完善性维护是在原有的基础上增加新的功能设计或是进行改善性的修改。这些都是系统维护过程中的控制重点。

### 5.1.6 强化会计机构基础职能

会计机构是地方财政部门内部设置的、专门办理会计事项的机构，全面负责组织部门的会计工作。为规范政府部门会计工作，2015年10月23日财政部颁布《政府会计准则——基本准则》（以下简称新会计准则）。新会计准则对整个政府部门会计机构的相关财务工作提出了更高的要求。财政部门应当结合当前会计机构存在的不足，以新会计准则的颁布实施为契机，结合内部控制制度建设，逐步完善会计机构及财务报告制度。

#### 5.1.6.1 明确会计机构职责

地方财政部门应当建立会计机构的责任管理制度和会计管理制衡机制；加强组织部门会计机构相关负责人的责任意识，并制定会计机构内部控制的具体目标，将各项责任充分合理地落实到人，使会计人员能清楚地了解自己的职责以及要完成的工作目标；通过分级授权、分岗行权以及分事设权的管理机制合理分配相关的会计工作，并形成相互监督、协同合作的会计管理制衡机制。与此同时，地方财政部门应在组织范围内开展以会计机构和会计人员为主、其他部门人员共同参与的会计准则系统学习和培训，一方面有助于提升和强化会计人员的专业技能水平，另一方面也使其他工作人员及时了解会计准则给实际业务操作带来的新变化，以便在日后的工作中做出必要的调整，从而保证会计人员及其他相关职能部门的工作人员充分了解会计准则的变化和具体规定。同时，要完善会计机构监督机制，加强对会计机构的监督检查，从而形成对会计机构和会计工作人员的有效约束。

#### 5.1.6.2 加强会计信息化建设

地方财政部门可以根据重点业务以及管理的需要，将会计软件与财务工作进行有效结合，从而扩大会计软件的智能化功能，实现会计数据的共享，为会计信息化奠定必要的技术基础。在此基础上，要提高会计信息系统的网络安全管理，指定专门的技术人员负责网络安全管理。组织部门应当依据会计准则的具体规范要求，制定内部控制的标准、会计数据分类汇总的标准以及财政处理的标准等规范；同时，根据单位会计信息化建设的要求制定组织部门会计处罚规程，对违反会计安全操作规定、恶意篡改会计原始数据、故意泄露涉密信息等严重违纪行为做出严肃处理，并强化会计人员的法律意识和安全意识。另外，在确保信息保密的前提条件下，组织部门还应当搭建信息平台以方便不同部门之间的工作人员和会计人员进行信息交流。除此之外，加强会计人员的业务培训，要求从业人员既要掌握会计业务知识，又要熟练会计信息化软件的操作运用，力求培养专业技能较高的会计人员，以适应会计信息化建设的需要。

#### 5.1.6.3 完善财务报告制度

财务报告不仅能够全面反映各级政府财政预算的具体执行情况、政府部门的财务资金状况，而且可以及时披露各级政府部门的公共资源使用情况以及财务运行情况等相关信息，能够充分反映相关部门在履行公共管理责任过程中的行政综合能力。一般来说，政府财务报告包括决算报告和政府财务报告。两个报告的编制方法和目标都有差异。决算报告以预算会计核算生成的会计数据为依据，按照收付实现制编制。政府财务报告则以财务会计核算生成的数据为准，依据权责发生制进行编制。财政部门负责对政府综合财务报告的具体编制工作。因此，财政部门的会计机构可以借鉴其他国家的先进经验，采用科学的编制方法，按照严格的程序来编制政府综合财务报告，并将重要的信息充分体现在报告的内容当中。政府综合财务报告具体应当包括决策层针对财务报告的具体讨论过程与分析结果，权责发生制政府合并财务报表及附注，针对政府履行受托责任的各项综合信息情况的统计表等。

## 5.2　流程视角：作业层面内部控制完善

地方财政部门的业务涉及范围广，控制难度大。因此，全面梳理地方财政部门重要业务的具体流程，把握和控制各个关键环节，有助于实现对作业层面风险的有效预防；同时，还可以将内部控制的积极效应扩展延伸至与其有业务联系的其他政府部门、企业、金融机构等，发挥地方财政部门内部控制的辐射带动作用。因此，加强作业层面流程控制既有利于规范地方财政部门自身的业务管理，也可以形成对其他相关部门的有效监督和约束。

### 5.2.1　财政预算管理的纵横“兼控”

作为财政部门的一项重要职能，财政预算是对地方政府在一个财政年度内财政收支活动的具体安排与实施计划。近些年，服务型政府的职能转变对政府预算管理也提出了更高的要求，并在相关法律规定中得以充分体现①，可见国家对于政府预算管理的重视，也表明预算管理在政府工作中的重要作用。地方财政部门可结合财政预算的具体流程实施对下级财政部门的纵向控制，以及对同级预算单位的横向监督。

#### 5.2.1.1　科学进行预算编审

预算编制是预算管理的重要环节。在编制财政预算的过程中，地方财政部门

① 2014年6月中共中央政治局审议通过的《深化财税体制改革总体方案》明确指出要改进预算管理制度，以规范政府行为、实现有效监督。2014年8月全国人大常务委员会通过的《〈中华人民共和国预算法〉修正案》将立法宗旨由原来的“健全国家对预算的管理”转向“规范政府收支行为，加强对预算的管理和监督”。

结合国家的相关政策、地方经济发展的趋势以及财政和税收政策改革的进展，制定财政部门的预算编制政策和预算标准，严格按照“二上二下”预算编制的程序设计和具体要求，采取科学的方法预测下一年度组织部门的各项预算收支情况，并加强对重点税种、重大建设项目以及各项税费改革等因素的分析，提高财政收支测算的准确性，同时对下级财政部门和各预算单位上报的预算进行全面审核，仔细核实预算单位是否将本年度财政结余资金纳入预算统筹使用、预算收支是否平衡等情况。审核通过之后，要及时向预算部门下达预算控制数及预算批复，确保预算单位有效执行预算。对于预算编制过程中形成的各类文件和材料等记录凭证，应当由专门的人员收集整理、归档保存，并及时更新相关数据信息和文件记录。由于政府预算改革不断深入，组织部门还应当对预算编制相关人员定期进行业务培训，将各项政策的变化情况以及实务操作的新要求及时传达到人，从而提高预算编制的准确性。

#### 5.2.1.2 加强预算执行环节控制

地方财政部门应当规范实行国库集中收付制度，不断加强国库单一账户体系的构建与管理，并实施对预算执行过程的动态监督和控制。认真审核各预算单位申请的各项预算指标是否符合要求，相应的项目实施计划及财政资金用款方案等材料是否真实完整，将拟下达的各项具体指标额度与年初预算、已拨付款项以及用款进度等指标予以核实，并严格履行各项授权审批程序。同时，财政部门还要以国家相关法律为依据，及时足额征收各项预算收入，并根据本地区经济发展的实际状况测算各部门预算收入可能发生的变化，在此基础上定期对各组织部门的收入预算执行情况进行检查，以便及时掌握动态监控信息，评价预算收入管理的薄弱环节，如发现问题，应当及时整改。另外，组织部门应对各项财政支出指令进行仔细核实。查证各项财政支出计划的批准是否由具有授权审批权限的相关责任人按照法定程序进行，财政资金是否按照预算及招标限额的标准使用，财政支出中的保留部分所列科目是否符合要求，并批准和发出购买指令。在实施购买时，应当确定财政拥有提供该公共产品和服务的义务，并对所购产品和服务进行检验，核实相关的单据证明、质量报告、发票等凭证，审核检查确认无误方可进行最后的支付。

#### 5.2.1.3 严格控制预算调整

预算调整是有条件、有程序的。在年度预算执行过程中，由于国家政策调整、地方经济发展形势变化等客观因素，或发生了突发事件导致预算执行发生重大差异需要调整的，可按照相应的程序进行预算调整。财政部门将预算执行部门需要进行调整的方案进行汇总，充分了解预算调整事项的政策依据和测算情况，并认真核实调整方案涉及的财政收入或财政支出调整项目的相关材料，结合已过季度的预算执行情况进一步研究预算收入和预算支出调整情况，并对所有的调整项目逐一核对，从而确保预算调整事项依据充分、数据准确和内容全面。财政部门得出预算调整的最终财政平衡结果，将预算调整报告提交上级部门进行审核。对于审核通过的调整方案，各预算单位应当严格执行，不得擅自更改。

#### 5.2.1.4 认真编制决算

组织部门在正确结转各项收入和支出的基础上编制决算报表，保证其真实性和完整性，并应当按照会计准则的要求设置相应的会计科目，做好进一步编制会计报告的准备工作；同时，参照不同财政层次的各项财政预算管理体制及有关规定，结合上下级财政部门之间的预算调拨收支和往来款项，将全年应补助款数额和应上解款数额与已补助和已上解数额进行比较，并得出最后决算结果，审查决算事项的准确性，进一步确认部门决算收支的准确合规性，编制财政总预算并上报上级主管部门。

#### 5.2.1.5 建立预算考核机制

财政部门应当对各预算单位的预算执行情况进行考核，建立预算考核评价制度，并由专门的预算考核小组来具体负责。预算考核部门应当结合已掌握的动态监督信息，对各个预算单位上报的预算执行报告进行全面审核，将预算编制的指标与实际完成的指标进行核对，从而得出预算完成情况的最终分析，根据组织部门建立的评价制度对预算结果进行评价，将具体的考核结果进行汇总、整理，在此基础上进一步提出详细的预算考核评价建议，编制预算考核报告，并向组织部门的领导层汇报。需要明确的是，还可以根据实际情况结合内部审计进行预算考核，汇总预算考核评价总体情况，形成年度预算考核评价报告，所有考核过程涉及的资料和相关记录必须完备，并交由归口部门予以归档保存。

### 5.2.2 政府采购业务的流程管理

政府采购主要是组织部门根据日常管理的需要使用财政资金所进行的各项采购活动。采购一般包括货物类采购和服务类采购。实施内部控制在于建立健全政府采购预算与计划管理机制，确保政府采购纳入预算管理，按照计划办理采购业务，从而使采购工作达到预期目标，严格采购信息管理。

#### 5.2.2.1 采购预算与计划控制

财政部门应当对各采购部门编制的政府采购计划进行审核，认真核实采购计划所涉及的采购项目是否符合单位组织建设和业务发展的实际要求，采购预算标准是否合规，并对符合要求的采购项目按照程序进行审批，对政府采购计划进行记录与备案，同时汇总形成本级政府采购预算。另外，财政部门应该及时将通过审批的政府采购预算批复给各相关单位。各采购单位则根据已批复的采购计划的项目内容和预算金额，进一步确定采购方式。具体来说，对于纳入集中采购的项目，应当由政府集中采购机构组织实施相应的采购业务，未纳入集中采购范围的项目，则依据政府采购的相关法律规定，按照政府采购程序，经政府采购监督管理部门批准后可实行分散采购。

#### 5.2.2.2 采购过程控制

财政部门应当依照政府采购法的相关规定，制定采购申请制度，按照程序严格进行采购；针对具体的采购项目，根据其不同的采购类型选择相应的管理部门来执行采购任务；明确各相关责任部门的具体授权审批权限和人员的岗位职责，并授予其相应的请购权；然后由管理部门按照规范的步骤和要求进行相关物品的采购，对供应商的资质进行审核，实行评估准入机制。相关部门对符合条件的供应商所提供的各项重要信息进行综合评价，主要评价包括采购物资的质量标准、采购价格、采购付款方式、验收规程以及企业的经营状况等内容；同时根据采购项目的具体情况来确定采购方式——大型采购项目采用招标方式，其他的采购项目可采用询价、定向采购或直接购买等形式，并采取多种方式合理确定采购价格。另外，在签订采购合同时，为进一步确保政府采购合同条款的完备性和合法性，应当聘请不同领域的专业技术人员和专家提供相应的技术指导。

#### 5.2.2.3 采购验收控制

根据采购合同和相关文件的要求，应组建专门的验收小组进行采购验收。验收小组按照职责分工对照政府采购合同中验收有关事项和标准对所购物品的品种、规格、质量等内容进行验收，并按照验收方案及时组织验收，填写采购验收单。对于重要采购物资的验收，还应当在此基础上进行必要的专业测试。如果验收时出现特殊情况，验收小组必须及时上报相关部门，并及时查明问题原因，依据上级主管部门的指导意见进行解决。针对某些特殊的物资，不能由采购部门单独来验收，应当由采购部门、使用部门和质量管理部门共同组织验收。另外，财政部门应当依据采购合同的主要条款跟踪相关责任人履行合同的具体情况，对其进行必要的监督和管控。

#### 5.2.2.4 采购付款控制

采购验收后组织部门应当根据合同要求进行采购付款。明确财务部门付款审核人的具体授权审批权限，并要求审核人对政府采购发票、采购合同中的款项支付条件、物品验收报告以及相关单据等内容逐一核实，确认审核无误后按照合同规定及时办理付款。同时，对于采购金额巨大或采购周期较长的预付款项，要通过全程监督、掌控业务的进展程度，进行风险识别和分析，重点关注占用项目是否合理，预付账款的期限是否合适以及是否存在不可收回预付款项的风险等。对于各种可能产生的风险隐患，组织应当及时采取有效措施进行风险规避。财政部门还应当完善退货管理制度，对退货的具体条件、退货程序、退货货款收回等重要内容做出明确的规定，对于在采购期间发生的退货情况，则应严格按照退货程序和合同中退货的相应条款办理。最后，财政部门应当及时向政府采购部门提交支付申请书、发票复印件、合同副本、验收报告等相关文件资料，并根据审核后的相关凭证，通过国库集中支付系统依据合同条款支付采购资金。

### 5.2.3 多举措控制政府债务规模

政府债务风险控制是财政部门依据《预算法》以及地方政府债务管理的相关法律制度，采取债务限额管理、预算管理、债务数据统计以及债务风险预警等措施对地方政府性债务进行风险控制和有效管理的过程，以期实现严格政府债务管理、确保债务资金使用规范高效的政府债务风险管理目标。

#### 5.2.3.1 政府债务限额控制

在政府债务限额的约束范围内，地方政府借用政府债务资金进行政府财政资金的周转，可以促进地方政府经济平稳运行。2015 年 12 月，财政部颁布《关于对地方政府债务实行限额管理的实施意见》，进一步提出对地方政府债务规模严格实行限额管理。一般而言，地方政府债务限额风险集中表现为地方政府债务限额未经省政府批准、政府违规举债、突破地方政府债务发行限额等制度流程风险。因此，省级财政部门应当在国家下达的债务总限额内，充分考虑国家宏观调控政策，并结合本辖区经济发展状况、财政运行情况以及债务风险偿还能力等因素，测算出各级地方政府年度发行债务限额，报经省政府批准后逐级下达。各地、市、县年度政府债务余额均不得突破省政府下达的债务限额。确实需要举债时，财政部门应当依据债务限额标准，按照科学的核算方法提出年度本级政府债务举借方案和具体使用计划，经本级政府批准后下达核定，报省政府进行备案并由省政府代为举借。另外，地方政府负有偿还责任的国际金融组织及外国政府贷款均属于政府债务，且年度外债额度也不得突破省市财政下达的外债限额。

#### 5.2.3.2 政府债务预算控制

地方各级政府要将全部政府债务分门别类地纳入全口径预算管理。其中，一般政府债务纳入一般公共预算管理，主要以一般公共预算收入予以偿还，当出现财政赤字时可适时采用借新还旧的方法；专项债务纳入政府性基金预算管理，如果政府性基金收入或专项收入暂时难以实现而无法偿还专项债务，也可以先借新债还旧债进行资金周转，当政府性基金收入或专项收入实现后即予归还。省财政部门按照中央和省政府的政策向市、县级政府和直属各单位下达新增债券项目的具体方案。相关部门和单位应当根据新增债券使用方向的限制条件和要求，结合本级政府重点工程和核心项目编报申请新增债券项目。对口业务科室审核后报送至预算部门，由预算部门根据新增债券项目申请的具体情况，综合平衡考虑后提出初步申请意见并由相关负责人进行研定，报同级政府批示。相关业务部门将批示同意的新增债券申请项目报送上级财政部门，进一步申请新增债券额度。在新增债券额度下达后，预算部门根据本辖区重点建设项目和年初预算安排，草拟新增债券资金的具体分配方案报相关领导审定，并报本级政府进行审批。批准后，预算部门应当及时编制预算调整方案，并按程序报相关领导审定、本级政府审批，同时报省市财政予以备案。通过对政府债券实行预算管理，可以更加有效地督促和控制各部门、各单位管好用好债券资金。

#### 5.2.3.3 政府债务数据统计控制

财政部门应当建立地方政府性债务统计报告制度，对地方政府性债务情况实施动态监控和管理，借助“地方政府性债务管理系统”完成政府性债务数据的全面统计、准确汇总和上报管理工作。各级财政局政府性债务管理部门以及各直属有关部门分别负责填报有关政府债务数据，收集真实准确的原始数据并及时录入债务管理系统。预算管理部门负责对系统中填报的原始债务数据进行严格审核，认真核实数据信息的真实性、合理性和准确性，并对数据生成的各类报表之间的逻辑关系进行严格审核。当出现问题时要判断其产生的原因，属于债务管理系统本身原因而导致的逻辑关系错误，应当及时将情况反馈给软件公司，并对管理系统的漏洞进行修正，对系统进行更新。与此同时，预算管理部门还要按照财政部以及省政府的要求，完成地方政府性债务数据审核、汇总和上报工作，并且要全面分析地方政府债务情况，形成政府性债务分析报告，报相关领导审定。政府债券资金项目完成后，要及时统计整合相关的数据信息，全面分析项目预期计划的完成进度、债券资金的使用以及绩效情况，为全面评估和有效预防地方政府债务风险提供有力的数据支撑，也为政府债券管理业务的发展提供必要的借鉴经验和启示。

#### 5.2.3.4 政府债务风险预警控制

地方财政部门负责地方政府债务管理和监督工作，及时测算地方政府负债率、新增债务率以及偿债率等债务风险指标，结合地方政府的资产负债、债务规模以及财政资金运行等情况，运用财务状况分析法、流程图法以及现场调查法等风险识别法全面分析和评估各级地方政府的风险状况，跟踪债务风险的变化，建立债务风险预警制度，对债务高风险地区及时进行风险预警，并制定地方政府债务风险应对策略。列入风险预警范围的地区，应当针对不同级别的债务风险制定风险化解方案。对于超出风险承受能力的高风险，通过选择放弃或者停止与该债务风险相关的所有资金业务活动来避免和减轻经济损失，从而有效规避政府债务风险。对于风险较高的债务项目，在权衡债务项目的成本效益之后，应当积极采取必要的风险化解措施，严格控制地方政府债务增量，保持债务的合理结构和规模；与此同时，通过减少政府支出、债务分类置换、引入社会资本投资等方案，将财政资金的筹集渠道多源化，减轻政府举借新债的压力，逐步消化存量债务，降低债务风险，将风险控制在可承受范围之内。市县级政府无法自行偿还政府债务时，要启动地方政府债务风险应急处置预案，并及时上报省政府，确保不发生区域性地方政府债务风险。

### 5.2.4 国库集中支付业务的规范化

规范国库集中支付业务即通过对国库集中支付业务流程的梳理与风险管理，从各项业务的具体操作环节和风险点入手，查缺补漏，防控国库资金的流失，不断完善国库管理内部控制体系，从而进一步提升地方财政部门的业务管理水平和风险管控能力。

#### 5.2.4.1 银行账户控制

银行账户的开立必须符合国家行政法规的要求以及财政部开立银行账户的条件。开立账户时要认真填写账户开立申请表，详细说明开户的必要性及事由，提供所需的证明材料和依据的相关文件。相关授权人员要对所有的资料进行复核和审批。经办人员对账户开立信息进行整理和备案，并交由专人负责管理财政资金专户档案。变更开户银行或是财政专户核算内容时，需要填写账户变更申请表。当出现财政专户资金并入其他专户管理或者使用政策执行到期等情形时，还要进行财政专户的撤销处理。相关责任人要对账户变更、撤销申请表和相关资料进行认真的复核审批。组织部门应当采取集体决策的方式根据经营状况和服务水平选择开户银行，定期对开户银行的运营状况、偿付能力、对账服务等情况进行评估，如果出现不合格的情形应及时中止协议，更换开户银行。同时，会计人员每月对财政专户资金的收支情况进行核对和检查。组织部门的监督检查机构不定期对财政专户资金进行抽查，并对会计稽核活动进行监督管理。预算单位需要开设零余额账户的，必须符合财政零余额账户管理的相关规定，并在证明材料中明确银行账户的性质。账户的变更、合并与撤销应当依据财政国库管理制度的规定按程序进行审批。组织部门应当将银行账户开立、变更等信息及时录入财务信息系统，进行相关信息的维护和更新。

#### 5.2.4.2 支出拨付控制

国库支付中心应当按照财政部门主管领导、各部门分工负责预算资金计划审核与资金拨付的原则，依据国家财政资金拨付管理暂行办法制定具体的资金拨付管理机制，并严格遵照执行。首先，要确保预算指标信息的准确性以及用款计划的合理性和规范性，指标管理人员和用款计划管理人员分别对预算指标和用款计划进行认真审核，由相关审批权限人审批后，将最终的指标数和用款计划下发至各预算单位。国库部门应当按照相关规定对财政授权支付额度进行严格的审核和审批，并对授权支付的汇总清算数据进行反复核查，确保资金支付准确无误。组织部门对预算单位提出的直接用款申请进行审核和审批后方可按程序向代理银行签发财政直接支付令。未纳入财政预算并实行财政专户管理的财政资金，其用款计划和资金额度也要由国库部门的相关管理人员进行审核、独立复核人复核、相关审批权限人审批后下发至预算单位。同时，要核对财政专户资金的拨款依据是否齐全规范，拨款金额、拨款项目名称、拨款人和收款人信息是否完整准确，直接支付凭证是否由相关审批人审核。

#### 5.2.4.3 非税收入控制

非税收入指的是各级政府、行政部门及其他社会团体组织提供公共服务或是依法利用政府权力所取得的财政资金，主要包括政府性基金收入、国有资本经营收益等。非税收入控制应集中于非税收入的收缴、划款以及退库等重点环节。财政部门应当根据国家相关政策制定统一规范的非税收入项目库，规范非税收入的项目名称和收费标准，各级财政部门和执收单位一律使用该非税收入项目库进行非税收入的收缴，防止执收单位出现乱收费现象。同时，组织部门要及时接收代理银行反馈的非税收入财政专户收缴款项的具体信息，并与其银行资金收缴的金额进行认真核对，确保收缴信息准确无误。另外，应当对上缴国库的非税收入进行严格的复核与审批，将非税收入“一般缴款书”及时送至代理银行以向国库单一账户划款。当出现非税收入多缴款、重复缴款或者发生技术性差错等情形时，需要在规定时限内按照程序办理非税收入的退付业务，具体由经办人对执收单位退付申请书、原缴款凭证等申请材料进行严格审核，相关责任人进行审批。

### 5.2.4.4 会计核算控制

会计核算业务主要包括日常会计核算、月度结账与会计对账、年度结账与会计对账等重点流程。组织部门的会计人员应当认真复核原始凭证的名称、填制日期、填制原始凭证的单位名称、相关业务事项名称，以及经济业务的数量、金额等基本内容，审核原始凭证资料是否按照规定填列。根据审核无误的原始凭证和规定编制记账凭证，对已记账的会计凭单、原始凭证、账簿、会计报表等资料，要及时予以整理、装订和归档管理，并根据会计账簿编制各类报表，做好财务决算工作。与此同时，应详细审核、记录、计算和报告所管单位各项财政资金的增减变动情况，并提供有关的会计信息资料；按规定分月度、季度和年度对财政收入、国库存款及代理银行存款对账单进行核对，从而保证会计记录真实可靠、准确无误。同时，对财政收支各项报表、统计表进行严格的复核和审批，认真做好会计核算和会计监督工作。

### 5.2.4.5 综合管理控制

组织部门应当对国库、专户不同类型的印鉴章实行专人管理、分开保管的管理制度，实现印鉴章保管的有效职务分离，印章保管人应当将印章锁在专用的密码保险箱中，并妥善保管密码保险柜钥匙。管理人员不得擅自委托他人保管，且不得携带印章外出办事。如果保管员外出，则要办理印鉴章的移交手续，并登记备案。印鉴章的使用必须按照规定的用途使用，经过适当授权审批。部门领导已签发的各类文件、资料，由印章保管人直接用印。以单位名义对外报送的文件和审核材料等资料，必须经过主管领导审批同意后方可用印。组织部门应当加强财政票据管理，印制的财政票据和支付凭证验收合格后方能办理入库手续。省级以下财政部门的用票计划必须由上一级财政部门进行审批。同时，对申请领购财政票据的单位所提交的各项材料要进行审核，对符合条件的单位发放财政票据。各部门要在授权范围内按照规定使用财政票据，否则不能报销。管理部门要定期对财政票据印制企业和财政票据使用单位进行监督检查，以确保财政票据印制、使用和管理的合法性和规范性。另外，还应当对需要保管的所有会计凭证和档案资料及时进行分类汇总和收集整理。相关会计档案资料的移交和管理应当按照规定履行必要的手续，并经过适当的审批程序。需要借阅档案时，借阅人应持有所在单位正式介绍信，经财政部门会计主管人员和负责人批准后，方可办理相关借阅手续，详细填写档案借阅登记簿。借阅期满时，管理人员要及时收回出借的相关会计档案，并办理注销借阅手续。

### 5.2.5 提高财政资金使用效率

财政部门的资金活动主要涉及财政收支、财政资金结余以及资金结算等活动。因此，为了保证财政资金活动的合法合规性，提高财政资金管理效率，可以从现金控制、财政收入控制、财政支出控制、财政结余控制等关键环节加强对于财政资金的管理。

#### 5.2.5.1 现金控制

财政部门的现金支付审批与执行、保管与盘点清查以及货币资金的会计记录与审计监督都应当由不同的人负责，实行不相容职务分离制度，并进行定期轮岗。单位现金的支付、保管由出纳负责，票据管理、会计档案管理，以及收入、支出、资产负债等账目的登记和对账工作则必须由除出纳员之外的其他人来负责。组织部门现金的收付业务只能由出纳员本人办理。库存现金由出纳员保管，不得委托他人保管，各业务处室涉及现金收付业务时，应办理相应审批，并及时将现金收入交存出纳员，原则上不得借支现金。同时，货币资金的盘点由专门的会计人员负责，单位的印章应当由不同的人分别保管。要编制科学合理的现金计划，并对组织单位的现金定期盘点一次，指定专门的会计人员对现金进行盘点并与现金日记账予以核对。盘点出现长款或是短缺时，必须当日查明原因并报财务部门领导处理。单位组织的银行存款每月与银行账单进行对账，如金额不符则必须编制银行存款余额调节表，对未达账项不分金额大小逐笔核实清楚。银行存款核对表及未达账项调整表必须由出纳人员、负责核对工作的会计人员共同签字并报财务部门负责人予以审阅并做出进一步调整的指示。

#### 5.2.5.2 财政收入控制

财政部门的各项收入必须全部纳入单位预算，由财务部门进行统筹管理和使用，其他各职能部门和人员不得擅自办理各项收款业务。未经批准，任何人不得隐瞒、截留、挪用财政资金。财务部门还要对收入金额予以核对，如出现收入金额与合同不符，产生应收未收项目，则应明确责任主体并对收入进行追缴。同时，收取各项收费和基金时，要严格执行票据管理规定。申领、启用、核销各类票据都要履行相应的程序。由票据专管员全面负责所有票据的入库、发放、使用等工作，并如实记录，同时给保管员配置单独的保险柜保管各类票据。组织单位不得违反规定转让、出借、代开、买卖财政票据等，也不能未经允许擅自扩大票据的使用范围。领用票据时，票据使用人必须在票据申领表上写明领用票据的类型与数目，所填信息必须与票据台账上所登记的信息相符，并由申领人签字确认。票据注销时，应当确保票据台账上登记的内容以及其他相关报表填报内容与票据使用销号表上的票据种类、数量相符。销号的票据必须保证连号，如出现缺号的情况则应当查明具体原因。

#### 5.2.5.3 财政支出控制

财政部门应当严格执行并有效落实财政国库管理制度，将全部支出纳入单位预算，并强化对支出授权审批的控制。明确财政支出的审批权限和具体程序，审批人必须在授权范围行使审批权，不得越权审批。对于金额重大的支出项目及支出标准的核定必须由组织部门集体决策来共同决定。在此基础上，应完善财政支出的审核管理，逐一核实各类付款凭证、支票、审批手续等所有单据凭证，确定相关材料是否真实准确、合法完整，是否符合国家有关规定及组织内部财务管理制度。同时，加强政府专项支出控制。财政部门从上级取得的有指定项目和用途的专项资金，应当严格执行国库集中支付制度和政府采购制度等有关规定，按照规定的用途使用政府专项资金，做到专款专用、单独核算，严禁挤占、挪用政府专项资金。单位应对每一笔专项支出业务严格按照授权批准制度的规定进行审批，相关财务部门和专业人员在办理政府专项支出业务时，应根据批准的支出申请，对发票、结算凭证等相关凭证的真实性、完整性进行严格审核；同时，按照规定向上级财政部门或者主管部门报送专项资金支出决算和专项资金使用情况的相关报告，并接受上级部门的监督检查。

#### 5.2.5.4 往来资金控制

组织单位应当建立不相容职务分离制度，分别由不同的人员来负责往来资金支付的审批与执行、会计记账以及往来资金审核监督工作，针对往来资金发生的审核、批准制度，资金划拨、支付事项等重要事宜明确审批责任人和具体经办人的权限范围和责任。重大资金划转及支付必须通过领导集体议事来研究决定。在具体划拨过程中，对于发生的任何一笔资金都要认真审核其来源的真实性、合规性，完善由经办人具体办理、责任人审批核准并进行结算处理的流程规范。往来资金的财务核算，既要符合会计制度要求，也要结合本单位往来资金的实际管理需要。同时，还应当定期对往来资金进行清理，控制往来资金规模。对呆滞往来账应详细说明其发生时间、具体金额、呆滞原因以及具体的处理意见，从而防止对呆滞往来账款的擅自核销。

#### 5.2.5.5 财政资金结余和结算控制

财政资金结余主要包括净结余与未完结转项目结余。组织应当加强净结余管理，合理使用净结余，并按支出控制要求进行管理，确保结余真实、合法、合规。依据部门预算和相关财政制度规定，单位净结余属于财政性资金，单位不得用于对外投资或者出借，实行国库集中后形成的净结余统一反映为指标净结余，不再提取事业基金、职工福利基金等。对于未完结转项目结余，组织单位应当努力提高项目支出预算的经济效益和社会效益，对年度未完成应结转下年的项目支出预算结余要逐一核实确认，确保未完结转项目结余按规定程序使用和管理。同时，组织部门从现金管理、银行账户管理和公务卡管理等方面加强资金结算控制，制定本单位现金开支范围和支付限额，并健全现金账目。根据业务要求，需要开立银行账户时必须符合相关规定，开立、变更账户须符合行政事业单位存款账户管理的相关规定并报相关部门审批后办理。加强与银行对账并编制调节表，严格遵守银行结算规定。另外，公务员在使用公务卡支付公务支出资金时，按程序取得领导批准后，方可使用公务卡结算。如果持卡人办理公务卡消费支出报销业务时实际发生金额超出资金申请表核定的金额，则必须补办资金申请程序再进行报销。

### 5.2.6 维护国有资产的价值与收益

财政部门的资产是组织部门占有或使用的各种经济资源，包括固定资产、无形资产、流动资产等。加强财政资产的管理有助于提高资产的利用效率，防止财政资源的浪费和重复投资。

#### 5.2.6.1 资产形成控制

组织单位资产的形成主要包括购置、调剂、接受捐赠等方式。一般而言，对于纳入预算管理的办公设备和家具、房屋建筑物以及车辆等实物资产配置，应当依据财政部门的相关规定，按照预算编制程序向上级有关部门报批。上级相关部门严格按照规定对需要配置资产的必要性、资产的配置标准以及能否调剂解决等方面做出判定，并签署审核意见。审核通过之后，组织单位方可依法实施政府采购。同时，在验收资产时，资产使用部门应根据合同协议、发货单等相关资料对所购实物资产进行验收，并出具验收报告。实物资产验收合格后，应及时办理入库、编号、调配等手续。对于捐赠的资产，财政部门应当按照有关法律法规接受捐赠，及时准确登记捐赠资产的信息并办理资产产权的转移和登记。另外，各级财政部门可根据实际情况尝试建立公物仓①制度，对组织办公设备逐步实行集中采购、专人保管、统一配发、统一处置的公物仓管理。

---

① “公物仓”是指党政机关举办大型活动（会议）及组建临时机构的物资设备实行集中统一管理的专门机构。这是为强化对行政事业单位国有资产管理采取的一种举措。

#### 5.2.6.2 资产使用控制

资产的使用就是财政部门资产自用和出租、出借、投资等行为。单位应当明确本部门各项资产配备标准是否符合国家有关法规政策、财政部门履行职责的具体需要以及单位的财力状况。组织部门还可以建立资产使用调剂和资产整合共享平台，对闲置、低效资产进行调剂，做到物尽其用，充分发挥资产的使用效益，保障资产的安全完整。使用部门在领用资产时要填写资产领用单，写明用途和时间，并经使用部门负责人审核批准和财务处复核后予以领取。资产部门应当定期对资产进行全面清查盘点，对出现的问题应当及时查明原因，说明情况，并在决算报告中如实反映，按照相关规定处理。另外，财政部门应加强对本单位专利权、商标权、土地使用权等无形资产的管理，防止无形资产流失。如果根据业务需要将资产对外出租、出借或是对外投资，财政部门应当聘请资产评估中介或专家进行可行性评估和认证，在此基础上提出申请，主管部门审核同意后报上级相关部门进一步对资产出租、对外投资等事项进行审批。同时，资产部门应当建立完善的资产管理制度，由专人具体负责项目的立项、决策、申报、运营以及项目跟踪工作。

#### 5.2.6.3 资产处置控制

组织部门一般需要对闲置资产、低效率报废资产以及超标资产，或者因单位重组或合并、隶属关系改变等原因发生产权及使用权转移的资产进行相应处置。具体处置方式主要有出让、出售、置换等。财政部门对低效运转、超标购置或者长期闲置的实物资产，本着节约的原则，结合各部门提出的资产使用申请，可进行部门之间的调剂和安排，以促进资产整合与共享。在进行资产处置时，应当严格履行各项审批手续，由资产使用部门提出申请并报告资产管理部门进行审核，未经许可的资产不得擅自处置。在具体处置资产时，应当聘请具备相关资质的评估机构对资产进行评估，并选择产权交易机构以公开拍卖、招投标转让等合法形式进行资产的处置。同时，组织还要定期或者不定期对资产进行账务清理，对实物进行清查。如果出现资产和账目不符合的情况，应当查明原因，追究相关责任人的管理责任，并按照规定程序进行账面的相应调整和处理。

#### 5.2.6.4 资产收益控制

财政部门的收益是指财政部门出租、出借、对外投资等取得的收入扣除相关税金和费用之后的净收益，主要包括拍卖资产所得、出租资产形成的租金收入、无形资产转让收入等。根据国家有关规定[①]，财政部门应当制定资产收益制度，并将本部门资产收益及时上缴财政，纳入部门预算统筹安排，财政部门及管理人员要如实反映和收缴国有资产收益，不得隐瞒、截留、挤占和挪用国有资产收益，不得违反规定使用国有资产收益。同时，财政部门还要加强资产收益的相关票据管理，规范各预算单位的征收行为，加强对所属单位的国有资产收益的监督，从源头上杜绝乱收费，并确保依法合规的非税收入及时足额上缴国库。

### 5.2.7 公共工程建设项目的风险控制

因工程建设项目大多金额巨大，任务规模大、周期长，投资多，涉及范围广，故对工程项目的控制难度较大。因此，应当对工程建设项目各个流程的风险点进行甄别和分析并采取有效的预防措施，从而提高工程质量、控制建设成本，实现工程项目的风险管理。

#### 5.2.7.1 建设项目立项控制

组织部门可由基建部门牵头组建工作小组，编制项目建议书，并由工作组领导审阅、全体小组成员进行讨论，形成项目建议书草案。基建部门可会同财务部门共同审议，也可聘请外部专家参与评审或委托外部机构进行评审，出具评审意见。评审通过后，应结合专家评审意见，通过各种方式和渠道广泛征集多方意见，然后将所有的相关信息整理汇总上报组织领导决策层，由决策层按照规范的集体决策程序对项目建议书进行最终的决策。同时，建设项目在立项决策审批的过程中形成的所有文件记录、书面材料和会议纪要等重要材料应当由专人妥善保存。

决策批准后，基建部门负责编制项目可行性研究报告，会同财务部门共同讨论评议，并负责对可行性研究报告的审议过程进行记录，相关记录应与可行性研究报告一并存档，由决策层审议通过之后报上级机关批准。建设项目一经批准，单位必须按照决策内容执行，任何人不得擅自改变决策内容。

#### 5.2.7.2 工程设计与招标控制

项目立项后进入工程设计环节。建设项目概预算一般委托外部专业机构编制，基建部门基建处负责对设计单位的筛选与初步资料的收集工作。组织相关部门及专业技术人员对设计方案进行分阶段审核、监督设计工作，确保设计方案与

---

① 2016 年 3 月 15 日，财政部颁布《政府非税收入管理办法》。该办法分总则、设立和征收管理、票据管理、资金管理、监督管理、附则共 6 章 41 条。

经批准的可行性研究报告的内容一致。预算员还要对概预算的编制情况进行核实，主要审核编制概预算的客观依据、工程项目的具体内容、项目工程量的计算、预算定额的套用等重点内容；在此基础上，依法组织工程的招标工作，并接受有关部门的监督检查。财政部门应当组建由部门代表和相关技术专家组成的评标委员会来具体负责评标工作，并充分保证评标过程的保密性。组织部门选定中标人之后，应当及时通知中标人并发出中标通知书。同时，组织部门与中标人还需要在规定期限内就双方权利义务、违约责任等细节问题进一步协商，并签订合同。

#### 5.2.7.3 工程建设过程控制

财政部门应当加强对整个工程建设过程的监督。组织单位对于投资额较高的建设项目必须聘请符合资质的监理单位。监理单位应当依照国家法律法规对项目施工过程中的质量、进度、安全、物资采购、资金使用以及工程变更等情况进行监督。应依照相关制度以及合同约定，明确建设单位、施工单位、监理单位及相关方在工程质量、安全生产方面的责任与义务，保证工程质量与生产安全，并严格审核施工单位定期报送的建筑设计图会审纪要、设计变更等相关原始资料，并与合同标书的要求进行对比，严把质量关。同时，组织单位的财务部门应与承包商进行密切沟通与信息交流，及时掌握工程进展情况，并根据合同具体条款的规定和程序要求，仔细审核所有单据和凭证，在审批权限范围内办理项目工程款的结算业务，没有特殊情况不得拖欠工程款的支付。如果因合同约定工作内容的变化、市场价格上涨导致工程成本增加、国家标准的提高需要更改工程设计等工程变更情况引起合同价款发生变动，基建部门应当提供所有书面文件和相关资料，经财务、审计部门审核并按程序报批后支付款项。另外，建设项目中的设计费、监理费等，应取得综合服务统一发票，并将项目合同作为报销的附件。

#### 5.2.7.4 工程验收控制

组织单位在收到承包商的项目工程竣工报告后应当及时进行工程项目的竣工决算审计工作。关注的重点环节包括仔细核实工程决策的相关依据、工程项目所涉及的文件资料等凭证的完整性和真实性、工程项目竣工后的清理工作是否完成以及决算编制是否全面。对于未实施竣工决策审计的基建项目，不得办理竣工验收手续。决算通过后，财政部门应会同项目设计单位、施工单位、监理单位等相关部门进行建设项目的竣工验收。交付竣工验收的工程项目必须具备相应的条件，主要包括完成合同约定的各项建设内容、工程质量符合规定的标准以及完成竣工决算报告的编制等，同时满足国家规定的其他竣工条件。验收合格后，基建部门应当及时做好办理资产移交、编制交付使用财产清单等工作，并依照国家的相关规定，对整个工程项目建设各环节产生的所有文件资料和记录凭证进行收集整理，形成完整的工程项目档案并妥善保管。同时，财政部门还应当建立项目后评估制度，组建评估小组，收集后评估项目建设的相关资料，并对这些信息数据进行核实、测算和分析认证，形成项目后评估报告，作为日后项目绩效考核的参考和责任追究的客观依据。

# 6

# 地方财政部门内部控制评价体系的构建与实施

内部控制是一个合理设计、有效执行、科学评价的循环往复过程。其中，内部控制评价是最为关键的环节。地方财政部门在完成计划和实施各项政策的过程中，由于受到不利因素的影响以及制度本身的制约，可能造成项目计划偏离组织目标。因此，对照财政部门内部控制理想、合适的理论模式，对其运行的有效性进行评估显得尤为重要。通过有效性评价，可以及时了解组织员工对于各项制度政策执行的遵从程度，发现组织内部控制的不足和问题，克服内部控制实施过程中的局限性，并提出合理的纠正措施，从而不断提升地方财政部门内部控制水平。

## 6.1 内部控制评价体系

地方财政部门进行内部控制评价可以客观地反映内部控制水平，为领导层提供控制状况、内控缺陷及整改措施。地方财政部门内部控制评价体系应当是一个完整的体系，主要包括有效性的概念、形成路径、作用原理、评价方法以及具体的评价程序等重要内容。

### 6.1.1 内部控制有效性分析

进行内部控制有效性分析首先应当明确什么是有效性。内部控制是为了确保组织目标实现而进行的控制活动。因此，内部控制实施对于组织目标的实现所提供的保证程度就是内部控制的有效性。有效性程度越高，意味着组织内部控制的实施效果越好。与此同时，对于内部控制评价问题，也有学者以内部控制“效率”来称谓。相对来说“效率”是一个量的比较概念，以此为基础进行内部控制的效果评价可以提高评价的准确性，增加评价结论的信息含量。但是，效率是针对一个确定的目标和方向而言的，比如单位时间的工作效率，而在实践过程中，目标只是组织根据各种重要的因素进行的预测和判断，并不具有确定性。同时，目标也会随着组织业务的发展和环境的变化而与预期产生的一定的偏差，所以需要对目标进行必要的调整。因此，内部控制有效性评价更为合理，原因在于内部控制的实施目的在于确保组织单位各项目标的实现，同时也是合理的保证，也就是说内部控制是必要条件而非充分必要条件。同时，将组织部门复杂的业务活动以及领导者和组织人员主观表现如实地反映到各种指标当中，是否具有现实的可操作性仍值得思考。基于此，以“有效性”来称谓更具有可操作性和科学性。

综上所述，地方财政部门内部控制的有效性主要是指整个财政部门为实现财政管理目标而建立实施的内部控制制度在实际运行过程中发挥作用的程度，以及整个财政部门组织对内部控制制度的遵从程度。

组织内部控制分为单位层面内部控制和作业层面内部控制。单位层面内部控制指那些对组织有广泛作用和整体影响的控制，如单位组织文化、招聘政策和员工培训计划、单位组织内部信息交流与沟通方式等，为作业层面内部控制提供了重要的软约束环境和限制条件。作业层面内部控制则是对各项具体业务实际操作过程所进行的风险管控。如政府采购过程中对中标价格的保密工作是一项控制，一旦控制失败，一般仅影响此次采购交易，与其他交易无关。单位层面的良好控制将有助于改善和提高其他控制的有效性水平；单位层面控制中的缺陷则会进一步削弱作业层面控制的有效性，即使是设计最为有力的作业层面控制，也可能因为单位层面控制的不足而无法发挥其作用。比如，国有资产管理部门制定资产购置验收制度，并设置了实物资产管理员的岗位以确保国有资产的有效管理，但如果组织没有招聘合格的人员执行任务，那么程序将不会按设计的情况运行。因此，作业层面的设计与评价应当以单位层面的评价结果为基础，也就是说单位层面的评价结果进一步决定了作业层面的测试范围。

由此可见，清晰界定地方财政部门内部控制有效性评价的内涵，了解和辨析财政部门单位层面与作业层面之间的区别和联系十分重要（见图6-1），因为有效性评价的控制目标、测试方法、评估方式等取决于控制所处的层面。

### 6.1.2 全面整合观下的评价模式

内部控制评价模式是内部控制评价的具体方法和标准。当前，由于对内部控制评价模式的选择以及内部控制评价基础概念的取舍存在一定的争议，内部评价体系没有形成高度统一且广泛认可的范式作为参考。因此，亟待建立科学有效且

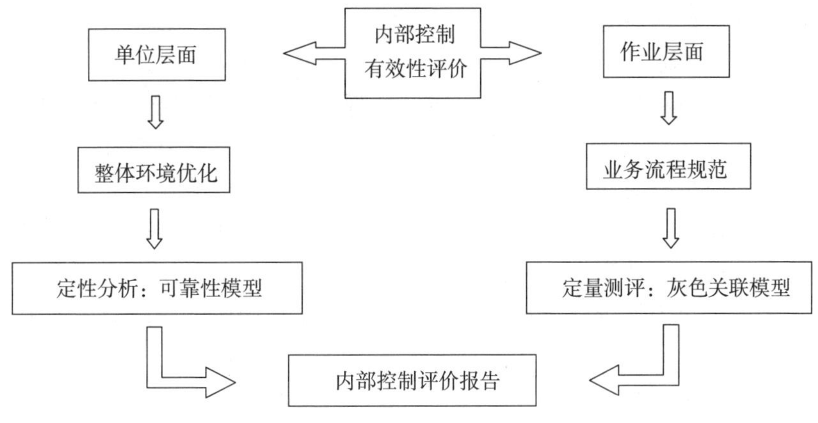


**图 6－1　地方财政部门内部控制评价设计图**

便于操作的地方财政部门内部控制评价体系。

现有的内部控制模式之争源于不同的出发点。以研究相对成熟的企业内部控制评价为例，当前主要是以内部控制目标和内部控制要素形成的两种评价模式。张兆国等（2011）以企业内部控制目标实现水平的可观测性和客观性为重要依据，构建了企业内部控制评价体系。这种以目标为导向的评价模式能够实时反映组织单位业务活动的进展状况以及目标实现程度，具有更高的客观性和可比性。但是，其不足之处在于不能真实客观地体现组织单位内部控制五大要素的特征与控制状况。另外一种要素评价模式，则是以五大核心要素之间的相互关系为依据来进行内部控制有效性评价，并对发现内部控制存在的漏洞进行有针对性的整改和纠正。池国华等（2011）以《企业内部控制基本规范》的内部控制五要素为逻辑框架，以《企业内部控制评价指引》为指导，分四级设计了评价指标。这种烦琐细致的设计会增加获取相关信息的成本和难度，同时有些指标也会因依赖内部人员的主观判断而降低其真实性与可靠性。因此，两种评价模式各有千秋，如果能将二者进行充分整合，使二者优势互补，不失为更好的选择。

伴随着内部控制的发展以及理论研究的深入，有学者提出将内部控制评价模式进行整合的全新思路。马方、冯建梅（2012）分析比较现有内部控制目标评价模式以及构成要素评价模式，并以此为基础提出将不同模式进行整合的构想。对于内部控制评价模式的全面整合并非将不同的评价模式进行简单的相加与拼凑，而是充分考量目标导向模式和要素导向模式的适用性，结合地方财政部门的运行特征和业务活动，将内部控制五要素与地方财政部门单位层面整体环境的优化和作业层面业务流程的规范管理结合起来。基于此，地方财政部门内部控制评价体系是结合地方财政部门的整体结构特点和重点业务活动而建立实施的，既融合了内部控制的核心要素，又突出了不同层面的特点，是内部控制评价模式的创新。

内部控制评价体系包括评价主体、客体、目标、指标、标准、方法和报告7个要素。[①] 内部控制要求设计、执行和监督主体相互分离。因此，地方财政部门应当设置专门的内部控制评价小组或指定内部审计监察部门全面负责评价工作，制定评价方案。评价客体是评价的对象，是实施评价的具体范围，不是全部的内部控制活动，而是针对控制活动中相对重要的部分所进行的评价。评价目标是对组织部门内部控制的整体状况进行分析，为管理层对内部控制有效性做出认定提供可靠的参考依据。评价指标是内部控制实施效果的信息载体，是评价体系中最为核心的要素，因为评价标准和评价方法都是以评价指标为基础的。评价标准则要将内部控制设计的理想状态作为具体参考。同时，评价方法取决于评价发生的层面。单位层面主观性比较强，因此可以通过问卷调查、访问、座谈会等形式收集来自员工的信息，作业层面则可以按照严格的工作流程进行评价，比如会计对账、查阅相关文件记录等，掌握来自业务流程的客观信息。最后需要进行的工作是对评价结果进行分析，依据发现的问题和薄弱环节采取有效措施进行整改，并完成评价报告。

### 6.1.3 内部控制评价的流程再造

内部控制是一个动态的流程。因此，在进行内部控制评价时，应当明确内部控制是一个被评估的动态过程，而不是一个静态结果。同时，要完成对内部控制有效性的评价，需要合理设计评价程序（见图6-2）。

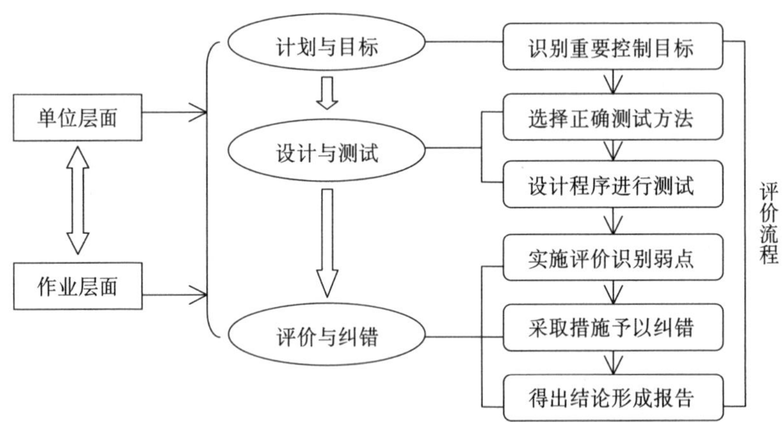


图6-2 财政部门内部控制有效性分析路径图

① 池国华．基于管理视角的企业内部控制评价系统模式［J］．会计研究，2010（10）：58-65.

#### 6.1.3.1 制定评估计划

在评估工作正式开始之前，需要进行周密的组织计划工作。首先成立内部控制评价工作组，该小组隶属于组织单位内部控制机构或者审计监督部门，同时配备具有必要的专业技能、知识和经验的工作人员来承担相应工作，并确定每位组员的具体工作范围和职责分工。同时，应该界定评估范围，明确评估工作的重点，并在此基础上识别重要的控制目标。单位层面重要的控制目标是对组织内部环境产生整个影响的目标，比如组织目标、决策审批制度、单位层面风险识别、组织文化等。作业层面重要的控制目标具体明确就是对作业层面各重点业务所进行的风险控制，具体包括各业务流程的文件记录是否完整，会计账目是否真实可靠等。需要指出的是，计划是一个反复的过程，并非在评估中执行一次就保持不变了，在评估工作进行的过程中，领导决策会随着信息的完备程度而越来越有针对性。因此，评价计划也应当不断地修正和调整。

#### 6.1.3.2 获取重要的信息

要想对内部控制的实施效果进行评价，必须有完备的信息资料作支撑。收集和甄别各种信息是一项很复杂的工作，原因在于贯穿所有业务活动的记录只是人为的记录内部控制的一种方式，内部控制的记录决不能与内部控制的执行本身混淆。也就是说，有关控制政策及其执行程度的相关记录不能成为内部控制有效执行的确凿证据。比如，一般来说，员工在入职时都会签订工作承诺书。这些承诺书可以作为判断和确定组织文化是否有助于内部控制实施的逻辑起点。但是，这并不表示员工在实际操作过程中就能遵守承诺，按照原则和程序办事。因此，应当运用科学有效的方法，有效识别和分离重要的信息，为正式进行有效性评价做好充足准备。

#### 6.1.3.3 选择正确的评价方法进行测试

测试是进一步掌握和收集证据的过程，也是有效评价的基础。对于不同层面而言，其测试方法有很大差异。因此，针对不同的层面需要采取不同的技术方法进行有效测试。由于单位层面的信息主要来自于员工，具有一定的主观性，一般采用问卷调查和询问、座谈、满意度调查等方式来收集员工在工作过程中的主观感受和价值判断方法；而作业层面的业务流程清晰明确，因此可以用业务流程法、收集会计凭证、文件记录等方式来进行测试。

#### 6.1.3.4 实施评价

评价就是对测试结果进行分析和判定的过程。由于单位层面和作业层面信息来源不同，测试方法和评价指标都有差异。对于地方财政部门内部控制评价是基于两个层面进行的。通过对组织单位层面的定性分析，得出组织内部控制成熟度水平的定性结论，在此基础上获得来自业务流程的客观性资料，对作业层面实施定量测评，根据测试的结果依据确定评价指标，对相应的控制目标要做出等级判定，并对两个层面的结果进行整体性分析。

#### 6.1.3.5 结论与纠正

结论与纠正环节要做的工作有：根据综合评价的结果给出内部控制有效性的最终结论。总结分析单位层面和作业层面的弱点，并对这些弱点之间的关联性予以分析。结合内部控制缺陷的认定标准，做出内部控制缺陷的相关认定，对于评价过程中发现的各种问题及弱点，采取相应的措施进行纠正。所有的相关内容都将以内部控制评价报告的形式完成，并报送给上级领导部门，作为决策层了解组织内部控制的实施现状并进行正确决策的客观依据。内部评价报告中提出的整改意见也是今后加强内部控制建设的重点。

## 6.2 基于单位层面内部控制的测试与评价

单位层面与作业层面的不同之处在于财政部门单位层面内部控制的实施效果是主观的、间接的、非线性的，而且不易定量分析的。作业层面则完全与财政资金拨付使用的流程相关。因此，整个业务流程是线性的、客观的，并且可以查证的。基于此，单位层面内部控制有效性的分析更具有挑战性。

### 6.2.1 识别单位层面重要的控制目标

内部控制所进行的一系列控制活动的重要程度不尽相同。在进行有效性分析之前，应确定和识别哪些控制目标是重要的控制目标，而且内部控制评价应当集中于这些重要目标。

单位层面的最终控制目标是为作业层面业务活动的有效执行提供一个总体环境和氛围。依据单位层面的显著特征以及包括的相关内容，其重要的控制目标应集中在组织文化、人员、组织目标与控制层次的关联程度、财政风险识别、财政信息系统、反舞弊程序、综合财务报告制度以及系统范围内的监督等方面（见表6-1）。

表 6－1　　财政部门单位层面重要控制目标

| | | 组织文化 | 人员 | 组织目标与控制层次 | 财政风险识别 | 财政信息系统 | 反舞弊程序 | 综合财务报告制度 | 监督 |
|---|---|---|---|---|---|---|---|---|---|
| 内部环境 | 发展战略 | | | ★ | | | | | |
| | 组织结构 | | | ★ | | | | | |
| | 权力和责任的分配 | | ★ | | | | | | |
| | 领导层 | | ★ | | | | ★ | | |
| | 人事政策 | | ★ | | | | | | |
| | 正直和道德价值观 | ★ | | | | | | | |
| | 应有的胜任能力 | | ★ | | | | | | |
| 风险评估 | 单位层面风险评估 | | | | ★ | | | | |
| | 作业层风险评估 | | | | | | | | |
| 控制活动 | 不相容职务分离控制 | | ★ | | | | | | |
| | 计算机应用控制 | | | | | ★ | | | |
| | 授权审批控制 | | ★ | | | | ★ | | |
| | 会计系统控制 | | | | | | | ★ | |
| 信息和沟通 | 信息 | | | | | ★ | | ★ | |
| | 沟通 | | | | | ★ | | ★ | |
| 监督 | 持续的监督活动 | | | | | | | | ★ |

### 6.2.2 设计与测试

单位层面为组织内部控制的实施创造了一种软约束环境。因此，要进行单位层面控制有效性的认定极富挑战，只能通过调查和询问、观察等方式来收集支持单位层面控制认定的相关证据。

#### 6.2.2.1 员工调查

作为有效收集信息的方法，调查主要是针对组织内部人员进行的，旨在收集来自员工的信息。特别是在评价组织文化和人事政策是否创造一种使作业层面控制有效执行的软约束环境时，调查是必不可少的。调查可通过编写调查问卷的形式将需要调查的内容以通俗具体的语言列出，结合模拟测试，对问卷进行反复修改与仔细推敲之后对组织范围内的员工展开。在进行调查和询问时，还要考虑到样本的分层情况和调查的人数，对于不同职位和部门的员工都应该进行调查，以便提高回答率并获得更多可靠有效的反馈信息。同时，应充分结合财政部门的人事调整情况以及财政税收制度和政策发生的重大变化确定好调查的时间和频率。

#### 6.2.2.2 询问领导层

作为政府机构，财政部门实行的是层级领导制，整个系统遵循规范明确的管理层次、指挥链条和沟通渠道，通过合理的机构设置与权责分配将各项任务工作自上而下地贯彻执行，呈现一种科层管理模式。因此，单位组织领导对于工作整体流程和风险管理的把控具有举足轻重的作用。应该询问具体负责制度设计或实施政策的领导，了解他们对于工作流程的熟悉程度，制定行为守则的出发点，提拔任用下属的原则，如何参与财政风险管理等，以寻求领导层在进行管理行使领导权利时遵循怎样的路径。

#### 6.2.2.3 财政信息系统

随着信息、网络的发展，金财工程、金税工程的实施，在现有的财政管理模式下，财税领域的众多业务——如部门预算编制、国库集中支付、工资统一发放、政府采购管理、资产管理、政府债务管理等——大部分已被固化到各种软件的内在逻辑之中。然而，组织部门的整体环境可能产生一定的变化，比如硬件、软件升级或人员调动时，如何保障财政资金安全，避免机密数据泄露则显得尤其重要。因此，应当结合组织的这些变化，及时查明为提高财政信息系统的处理效率而制定的各项财政信息管理制度是否被充分执行。比如，只有授权的用户才可获取以及使用输出文件和报告，并保持记录的完整、准确和有效等，如果组织部门出现人员调整，则很可能出现以上问题。

#### 6.2.2.4 跟踪特殊流程

组织单位层面控制的执行，大部分是无法观察到的，但也存在某些特殊情形。能否敏锐把握组织单位层面控制政策变动的特定时机，对于整个控制程序的执行至关重要。这些机会包括观察高级领导层会议，如财政风险管理、相关信息披露、人事变动、审计政策等，特别是讨论、审核或批准重大财务报告、财政资金的审批拨付，职务晋升标准和人事政策的制定，内部审计的结果等。应观察这些重要会议是否建立了规范的流程和明确的决策标准，会议记录是否翔实准确。

#### 6.2.2.5 复核和检查关键文件

由于财政部门的资金来自国家财政，各项具体管理活动也都具有严格的审批和执行程序。财政部门缺乏足够的动力去有效监督财政资金的使用流程，这种先天的缺陷严重弱化了财政部门的内部控制与自我监督。因此，仅仅存在文件记录，并不能证明所记录的政策的相关执行情况。在评估政策的有效性之前，阅读文件并进行定性评估是很重要的。所有的文件记录都是孤立的、非线性的，必须经过复核检查、归类综合，才能发现并提炼出真实的信息和证据。

为测试单位层面内部控制水平，表6-2总结了不同的测试技术，以及如何运用这些技术收集证据，证实关于单位层面控制重要目标的认定。

**表6-2　单位层面测试方法**

| 重要控制目标 | 测试方法 | | | | |
|---|---|---|---|---|---|
| | 员工调查 | 询问领导层 | 财政信息系统 | 观察特殊流程 | 复查关键文件 |
| 组织文化 | ★ | ★ | | | ★ |
| 人员 | ★ | ★ | | ★ | ★ |
| 组织目标与控制层次 | | ★ | | | ★ |
| 财政风险识别 | | ★ | | ★ | ★ |
| 财政信息系统控制 | | ★ | ★ | | ★ |
| 反舞弊程序 | ★ | ★ | | ★ | ★ |
| 综合财务报告制度 | | ★ | | ★ | ★ |
| 系统范围的监督 | | ★ | | | ★ |

### 6.2.3　可靠性模型的构建

单位层面整体环境的软约束条件具有主观性、间接性，这决定了必须引入地方财政部门内部控制成熟度模型来实施对单位层面内部控制的评价。爱德华·卡尼（2009）借鉴管理工程学的CMM[①]思想，构建了“内部控制可靠性模型”。因此，这里采用该模型的核心思想，并引入地方财政部门单位层面内部控制的测试与评价，建立地方财政部门内部控制成熟度模型，进一步确定5个不同层次的内部控制可靠性水平，每个层次包括对组织文化、人员、组织目标与控制层次等8项单位层面控制目标的具体描述，并且梳理了组织部门使内部控制单位层面的整体环境从一个层次提高到更高层次的改进路径。此模型可作为地方财政部门单位层面内部控制的评价标准。

第一级，初始级：控制目标模糊不清或在组织中未得到广泛一致的理解和认可，组织文化缺失。财政政策的制定程序与具体实施规则是随时制定，不具备持久统一性，也没有相应记录。全体员工普遍缺乏风险意识，没有制定员工培训计

① CMM（能力成熟度模型）是1991年美国卡内基梅隆大学软件工程所开发的一种用于评价软件开发能力并帮助其改善软件质量的方法，分为5个等级：一级为初始级，二级为可重复级，三级为定义级，四级为管理级，五级为优化级。

划。同时，初始水平系统的有效性更多依赖于个人的专业技能、工作胜任能力和道德价值观，人们会根据自己的主观判断和行事方法处理工作过程中遇到的问题，整个组织呈现无序状态。没有系统的反舞弊程序和完整的财务报告制度。由于缺乏对组织的有效依赖，不同财政部门的管理状况会存在一定的差距。

第二级，可重复级：单位组织已经开始逐渐形成组织文化，并对于常规性的工作和项目建立了管理方针和规程，形成了可重复的流程，工作人员在执行过程中形成了一定的工作经验，但仍然缺乏对员工的业务培训，信息传递不顺畅，财政信息化程度低，阻碍了大部分信息在不同级次之间的上传下达。领导层已经逐渐形成对内部控制的需求，有意识地进行风险排查，并对可重复的内部控制流程展开局部的自行核查。在这一层次上，系统可靠性水平有所提升，同时财政风险有所降低。

第三级，定义级：领导层开始认识到内部控制是组织业务流程管理的重要组成部分，维护内部控制的有效运行已内化为管理职责，并在全系统范围内投入大量的资源；开展与控制相关的一系列业务培训，并将内部控制在组织范围内定义化、标准化地予以实施，逐渐形成完整一致的控制程序文件记录。组织目标与控制目标有效结合，组织范围内出现对具体业务流程的跟踪和监控。随着更正式的、标准化的内部控制出现，控制整体的有效性愈来愈依赖于组织而非个人能力，系统性程度更高。

第四级，管理级：控制目标明确并在组织中得到员工的广泛认可。内部控制已在整个组织系统内全面实施，并且被充分整合到单位组织的战略决策和管理层面。在评估和制定决策时，领导层通常会考虑内部控制的重要作用和积极影响。存在全面系统的业务学习和技能培训，财政信息化程度比较高，信息交流沟通及时而且畅通无阻，显著提高工作效率。综合财务报告机制健全，相关财务信息披露真实准确。组织已经建立定期监督内部控制实施效果的正式流程，并形成全面一致的文件记录。

第五级，优化级：这是地方财政部门内部控制能力成熟度的最优水平。组织凝聚力强，内部控制已内化为所有人员的责任，财政部门以预防、改革和完善为控制目标，并将控制目标与各管理层的绩效考核目标关联。建立程序化的管理制度，针对过去出现的问题，用标准化的、复杂的工具和技术进行实时监督控制，采取有效措施防止未来再次发生类似情形。领导层致力于持续改革和完善内部控制，制定内部控制深层次改进和内部控制能力不断提高的整体规划，并分解细化成各职能部门的管理目标和员工的绩效考核目标，由全体成员共同参与，不断持续地改进组织内部控制过程。

各个层次的可靠性水平并非独立的。事实上，组织的内部控制要素可能会展现出多种水平的特性。这个模型（见图6-3）旨在为分析控制提供有效性基础，进一步的判断将由作业层级内部控制评价来完成，最终确定控制能否实现其终极目标——将未发现财务报表重大错报的风险降至可接受的水平。

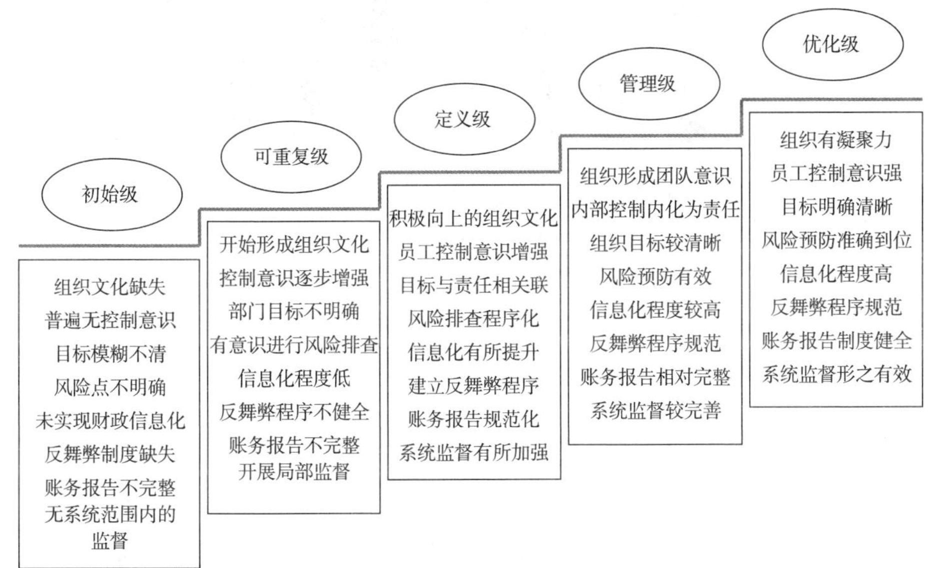


**图 6－3 地方财政部门单位层面可靠性模型**

### 6.2.4 评价实施要点

评价是以测试结果为基础对内部控制的总体实施状况进行的最终判断。组织单位层级控制有效性的评价是一个流程，它可以确定单位层面控制的有效程度，是否为作业层面创造了一个良好的总体氛围，并且有效识别单位层级控制的弱点，这些弱点会进一步弱化和影响作业层面有效性的测试设计。

#### 6.2.4.1 内部控制可靠性水平判定

对单位层面所识别的重要目标逐一进行等级判定，但是最终单位层面的内部控制有效性还必须是从整体的角度来评价的。因为众多要素之间存在着关联性，可能一个因素的不足能通过其他要素予以弥补，所以对于单位层级控制的判定必须是整体性的。比如，组织缺乏对员工专业知识和实际操作规范的定期培训，致使在工作中可能会出现漏洞，但是可以通过严格的监督来加以弥补。因此，单位层面做的是对组织软约束环境的定性考查（见图 6－4）。

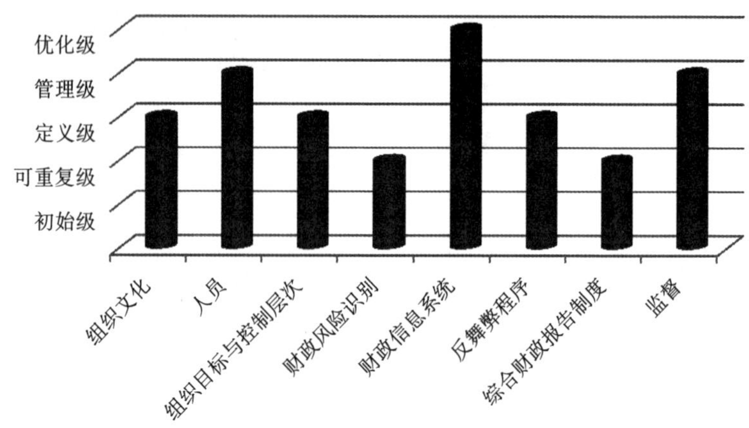


**图 6-4　可靠性评价模型三维图**

### 6.2.4.2　采取措施进行纠正

对于已识别出来的组织单位层面控制存在的控制弱点，应根据这些问题的来源采取恰当的措施及时加以纠正和弥补。如果组织缺乏翔实的文件记录，则可以通过创建必要的记录得到修正。组织员工的工作能力可以通过定期的业务培训和考核得以强化和提高。组织单位的领导者也可以通过自身的可视行为影响和引导下属诚信行事，形成积极的工作态度。

### 6.2.4.3　重新设计作业层面的控制测试

该阶段的工作是：结合单位层面已发现的可能存在的控制弱点，对作业层面的测试范围和方法进行必要的调整和修正。应判定组织单位是否进行了有效的弥补性控制，如对财务报表负有重要控制职责的员工，如果控制程序是有效的，他们必须具备履行职责能力和业务水平。假设并非所有员工都具备这种履职能力，这个控制弱点可以通过其他控制得以弥补，如密切监督或具有相同控制目标的额外控制程序。另外，扩展作业层级控制测试的范围。测试某些以前认为不重要的业务流程或分支机构的控制，并修改作业层面其他重要的内部控制测试的性质和范围。

## 6.3　基于作业层面内部控制的测评设计

作业层面控制的评价目标就是以单位层面的评价结果为基础，进一步收集来自各项业务活动的相关信息，比如文件记录、会计凭证等资料，并且对各项主要的业务活动以流程的形式进行分析，得出来自作业层面的定性分析结果。下面的行动设计旨在实施对作业层面控制的设计与测试所提供相应的建议。

### 6.3.1 作业层面内部控制的设计与测试

财政部门作业层面对财政具体活动的业务流程和财政预算资金的流转过程进行控制，所以来自作业层面的相关信息都是客观的、直接的、可查证的。作业层面控制的测试就是要收集大量充分的证据，进一步证实作业层面业务操作是否规范。

#### 6.3.1.1 确定评价范围

如前所述，单位层面控制的有效性将影响作业层面控制的有效性。因此，作业层面测试就是要收集关于作业层面控制有效性的第一手信息，运用这些证据进一步证明此前关于单位层面有效性的判断，同时根据单位层面控制的弱点来修正作业层面测试的范围。比如，两个部门单位层面评估结果无明显差异，但是其中一个部门的沟通较差，同时缺乏监督，另一个部门情况却有着良好的信息沟通机制和内部监督机制。那么，这两个部门作业层面的测试范围将会明显不同。因此，应当以单位层面的评价为基础，确定作业层面测试的执行范围，包括执行询问和观察的控制，或重新执行原来认为不需要的控制程序。

#### 6.3.1.2 斟酌测试的时间

作业层面测试的时间也值得商榷。作业层面的业务活动是个完整的工作流程，而且一般时间周期相对较长。具体测试的时间与最终的评价报告日之间肯定会有一定的时间间隔。在这期间，如果组织业务或环境中发生了变化，比如当组织部门获得了新的财政资金或是出现突发事件急需财政拨款，人员变动后新成员执行会计对账工作，那么测试将集中于这些账户和人员。因此，确定作业层面的评价时间和频率也是极为重要的，应当结合财政预算管理以及组织部门实际工作情况来确定评价的时间和频率。

#### 6.3.1.3 会计对账

对账是业务操作层面最为基础的控制程序和方法。2011 年 12 月 29 日，财政部、中国人民银行印发《中央财政国库集中支付会计对账办法》。财政部门可以按照该办法设计良好的会计对账流程，并实施对所有相关部门财务活动的对账工作。比如，检查各预算单位是否在规定时间内及时将各种报账凭证报予财政部门会计核算中心，并确保各项业务的会计数据能够准确无误并及时入账。同时，重点对各组织单位零余额账户用款额度、财政拨款收入、财政支出等资金的明细单据，与财政部门国库支付中心提供的拨入经费与非税收入明细进行核对。

#### 6.3.1.4 查阅各项文件记录资料

文件记录可以翔实地反映并记录各业务流程每个环节的人员操作情况。针对财政部门各职能处室的具体业务活动，可选择并检查评价期间内所有的交易记录及相关文件，以证实是否已执行了控制程序。比如财政预算的编制与执行、政府采购预算、各类批复文件、招标文件、投标文件、评标文件等所有的相关业务资料是否完备且被归口部门予以妥善保管。要确定采购单已恰当批准，纸质的仓库验收报告与批准的采购单相匹配，并且供货商是经过批准的供应商，采购单和验收报告是针对同一笔交易。

#### 6.3.1.5 识别例外情形

员工按照既定的程序完成任务时，应发生和实际发生的情况之间总会存在一定的差异。造成这样的局面可能会因为：在系统设计中未预料到财政活动的发生，或是不同财政层级工作人员、业务执行人员以及控制实施人员的能力差异，会导致程序有不同的应用；在控制评价的复核期间发生人员变更或分配的职责变更；发生财政体制的重大改革等。因此，在具体测试作业层面控制的有效性时，应该预期和考虑到这些差异，重新计划程序以识别这些偏差，并评估它们对作业层级控制有效性的影响。同时，为支持最终结论，还要考虑几种不同来源和测试类型所收集到的证据之间的相互验证，这样更可能形成关于控制的有效声明。设计好测试程序之后，就可以遵照相关程序有计划有步骤地进行测试，并详细记录测试程序和测试结果，为接下来的具体评价提供有效的资料信息。

### 6.3.2 业务关键流程与评价指标

作业层面的控制目标是由作业层面的具体业务活动特点决定的，即具体的客观的线性的特点。作业层面的最终控制目标是确保财务报告准确无误。具体来看，作业层面的评价控制目标要结合各项具体的业务活动来确定。地方财政部门的具体业务活动相对而言具有一定的独立性。因此，应按照业务流程来设计相应指标。

#### 6.3.2.1 关键流程梳理

地方财政部门作业层面的业务活动主要集中于财政预算管理、政府采购业务、财政资金运行、资产管理等具体活动。相对而言，各业务活动之间有一定的独立性。同时各项业务又分为不同的关键环节和流程，每个流程所收集到的信息和资料不同，但是它们之间又有着紧密的关联性。因此，梳理关键流程是进行作业层面评价的基础（见图 6－5）。

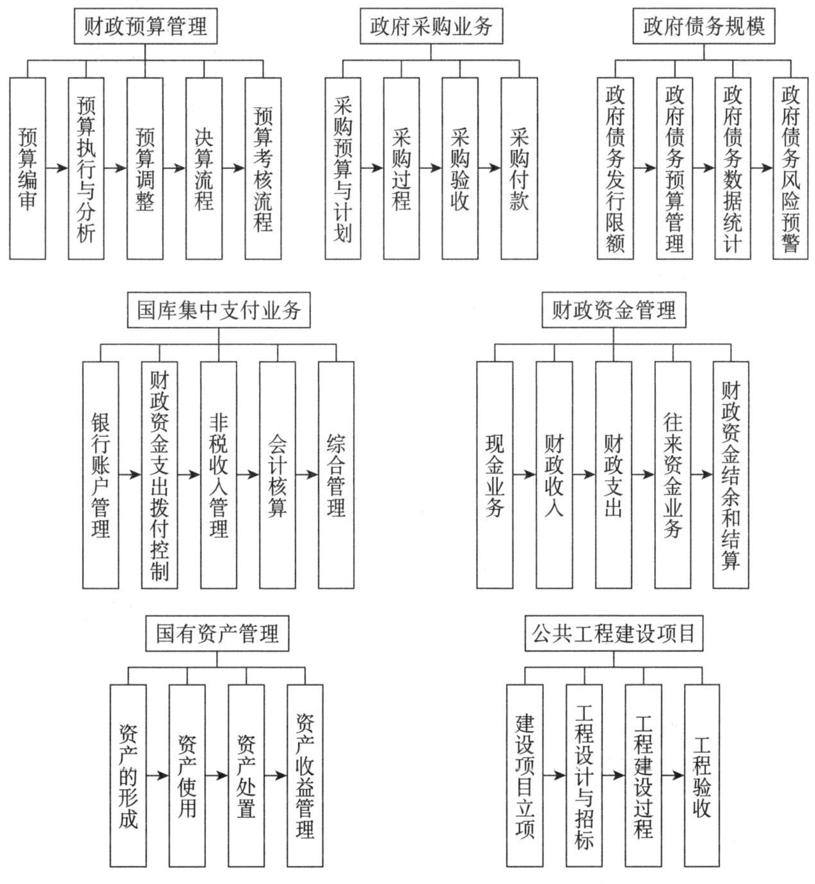


**图 6－5 作业层面业务流程**

### 6.3.2.2 评价指标体系

评价指标的确定应依照地方财政部门具体的业务流程特点来设定。虽然业务活动具体的流程不同，但是每个流程都会产生相应的记录和文件资料。这些证据都是线性的，可查证的。因此，这里以发生合理性、操作规范性等 6 个指标作为作业层面内部控制评价的参照和标准。

表 6－3　　作业层面评价指标体系

| 指标 | 指标说明 | 评价标准 |
| --- | --- | --- |
| 发生合理性 | 该业务流程在评价期内的产生 | 在评价期内，此流程的发生有合理的依据，不存在虚假或重复发生的情况 |
| 操作规范性 | 整个流程的具体执行过程 | 完全依照业务程序进行，各责任主体职责明确，并且在授权范围内进行授权审批 |
| 信息完备程度 | 形成的各项资料和记录 | 整个流程形成的各项票据、文件记录等各项材料证据真实齐全 |
| 持续性 | 相关人员和制度的稳定持久程度 | 评价期间不存在人员变动、制度改革等特殊情况，人员结构和制度稳定性强 |
| 财产安全 | 组织部门所有财产的安全性和完整性 | 组织部门的实物资产、无形资产、财政资金、财政信息等所有财产均未发生损失 |
| 表述和披露 | 报告表述完整、准确无误 | 此流程环节所形成的报告或编制的报表中各项信息披露真实准确，未产生误导 |

组织单位要结合日常的业务管理制定具体和细化的指标评价标准，最终制定五级标准，90—100 为优、80—90 为良、60—80 为中、40—60 为较差、0—40 为差，然后根据各流程收集到的实际信息资料的情况按照评价标准赋予相应的分值，得到每个具体流程的内部控制评价指标得分，为下一步运用灰色关联模型进行最终的评价提供依据。

## 6.3.3　引入灰色关联理论

各项流程对于目标的实现和业务的运行都有着重要的作用。因此，应根据流程与业务的关联度来实现对业务执行情况的分析。每项具体业务又分为若干不同的流程，且各业务活动之间存在一定的独立性。灰色关联决策的基本思想是通过计算实际问题与理想方案效果评价向量之间关联度的大小来确定问题的优劣排序。财政部门内部控制小组对各项业务的每个关键流程的相关指标进行评定之后，可引入灰色关联模型。

### 6.3.3.1　建立比较序列

作业层面评价中共有财政预算管理、政府采购业务管理、政府债务管理、国库集中支付等 7 个主要业务，每个业务又包含不同流程，分别记为 $x_1$，$x_2$，…，$x_n$，$x_i$ 为第 $i$ 个流程。因每个流程均不同程度地受到评价指标的影响，故反映第 $i$ 个流程的数据列可表示为 $x_i$ ＝ ｛$x_i$（1），$x_i$（2），$x_i$（3），$x_i$（4），$x_i$（5），

$x_i(6)\}$，其中 $x_i(t)$（$t=1, 2, 3, 4, 5, 6$）表示内部评价小组对第 i 个工作流程相关影响的评价。按照上述方法可以建立反映 $n$ 个流程的比较矩阵为：

$$[x_i(t)] = \begin{pmatrix} x_1 \\ x_2 \\ \vdots \\ x_n \end{pmatrix} = \begin{pmatrix} x_1(1) & x_1(2) & \cdots & x_1(6) \\ x_2(1) & x_2(2) & \cdots & x_2(6) \\ \vdots & \vdots & \cdots & \vdots \\ x_n(1) & x_n(2) & \cdots & x_n(6) \end{pmatrix} \tag{1}$$

#### 6.3.3.2 建立参考矩阵

流程的好与坏需要有一个客观的参照。一般而言，针对流程评价，主要选择最优值作为参考基准建立参考矩阵。每项评价指标都会有一个理想数值，这个数值可以是各地方财政部门中该指标的最优者，也可以另外选出一组数列。在这里，我们选取各评价指标的最优值作为参考序列。同样，参考序列也包含有 6 个评价指标：$x_0=\{x_0(1), x_0(2), x_0(3), x_0(4), x_0(5), x_0(6)\}$。于是，二者组建了共同序列：

$$[x_i(t)] = \begin{pmatrix} x_0(1) & x_0(2) & \cdots & x_0(6) \\ x_1(1) & x_1(2) & \cdots & x_1(6) \\ \vdots & \vdots & \cdots & \vdots \\ x_n(1) & x_n(2) & \cdots & x_n(6) \end{pmatrix} \tag{2}$$

需要明确的是，作业层面多个评价指标已经按具体的评价标准细化为明确的分值，因此不存在量纲之间的差异，无需进行数据的归一化处理。

#### 6.3.3.3 灰色关联系数 $\xi(x_i)$

所谓关联程度，实质上是曲线间几何形状的差别程度。对于一个参考数列 $x_0$，有若干个比较数列 $x_0(1)$，$x_0(2)$，$x_0(3)$，$x_0(4)$，$x_0(5)$，$x_0(6)$，各比较数列与参考数列在各个时刻（即曲线中的各点）的关联系数 $\xi(x_i)$ 可由公式算出。其中，$\rho$ 为分辨系数，$\rho>0$，在（0，1）内取值，一般情况下，根据关联系数矩阵情况，多在 0.1 到 0.5 之间取值，一般取 0.5。所以关联系数 $\xi(x_i)$ 计算公式为：

$$\xi[x_0(t), x_i(t)] = \frac{\min\limits_i \min\limits_t |x_0(t)-x_i(t)| + \rho \max\limits_i \max\limits_t |x_0(t)-x_i(t)|}{|x_0(t)-x_i(t)| + \rho \max\limits_i \max\limits_t |x_0(t)-x_i(t)|} \tag{3}$$

于是就得到了关联系数矩阵：

$$\begin{pmatrix} \xi_{01}(1) & \xi_{01}(2) & \cdots & \xi_{01}(6) \\ \xi_{02}(1) & \xi_{02}(2) & \cdots & \xi_{02}(6) \\ \vdots & \vdots & \vdots & \vdots \\ \xi_{0n}(1) & \xi_{0n}(2) & \cdots & \xi_{0n}(6) \end{pmatrix} \tag{4}$$

#### 6.3.3.4 关联度计算

比较序列 $x_i$ 与参考序列 $x_0$ 的关联程度是通过6个关联系数来反映的，求出关联系数的平均值就可以得到两个序列的关联度：

$$\gamma_{0i} = \frac{1}{6}\sum_{k=1}^{6}\xi_{0i}(k) \tag{5}$$

#### 6.3.3.5 排序

根据求得各项活动具体流程的关联度进行排序，关联度越大，说明被评价的流程与参考标准越接近，内部控制实施效果越好，也意味着该流程环节存在的漏洞越小。反之，对于关联度小的流程来说，则可能存在着较大的偏差和问题，从中可以发现各项业务活动内部控制的薄弱环节，判断相关流程的缺陷程度，然后及时查明问题的原因，并采取措施进行整改。

### 6.3.4 内部评价报告

对内部控制进行综合评价并提出整改措施之后，最终还要完成评价报告，以便领导层审阅与批示。评价报告应包括以下内容：

第一，真实性声明。评价小组要对整个评价报告的准确真实性进行必要的声明，保证在整个内部控制评价的过程中，无论是证据的收集整理、测试评价的具体实施，还是结论的判定，无任何虚假行为发生，而且报告内容真实准确、不存在误导或信息遗漏。

第二，内部控制评价工作总体情况。详细描述组织单位承担具体评价工作的组织机构设置情况、实施评价的进度设计安排、具体的执行程序、是否由组织以外的机构或审计部门参与等相关情况。

第三，内部控制评价的规范依据、范围及程度设计。首先说明组织部门的内部评价工作是依据《规范》的相关规定或是以本单位的内部控制规范为依据而组织实施的，然后界定内部评价的实施范围，明确单位层面和作业层面评价的具体对象，以及描述对这些重要事项进行评价的理论依据；最后就内部控制评价的程序以及对不同层面采用的评价方法做出必要的说明。

第四，内部控制的缺陷认定。介绍组织部门关于内部控制缺陷认定的相关规定和标准，并阐明是否沿用以前年度的评价标准，如进行调整则要说明具体原因和依据；然后依据认定标准，对此次内部控制评价的结果进行等认定，从而确定内部控制的缺陷程度。

第五，整改情况及纠正措施。整改情况及纠正措施主要包括两个部分，一是在评价过程中发现的且截止到评价期末已经完成整改的内部控制不足和薄弱环节，表明地方财政部门针对这些问题的内部控制设计执行成效显著；二是对于评价期末发现的一系列问题，组织拟采取的各项纠正方法以及实施后所期望达到的效果。

第六，最终结论。这是评价报告的总结性内容。当评价结果显示不存在重大缺陷时，直接给出内部控制评价的最终结论。如若结果表明确实存在重大缺陷，则除了给出定性评价结论之外，还要详细描述该重大缺陷的具体来源和特殊本质，并对其影响程度进行预测，具体来说就是可能会给组织带来哪些不必要的风险以及对组织目标实现的破坏程度。

内部评价报告完成之后还要及时上报领导层进行审阅，领导要对报告所涉及的相关问题进行批示，及时弥补内部控制的不足，修整和完善组织内部控制的制度设计和执行规范，开始下一个内部控制的循环。在不断循环往复的过程中，组织内部控制水平将得到进一步的提升。

# 7

# 研究结论与展望

理论研究与现实问题往往是相互影响、互动发展的。因此，地方财政部门内部控制理论分析需要从实践中获取真实客观的证据和素材，并以解决现实不足为落脚点。同时，解决问题的现实诉求又迫使理论研究不断完善和深入，以实现更大的超越。总体来看，本书对于内部控制理论在政府部门的延伸和拓展具有一定的作用，所提出的思路和想法都是对地方财政部门内部控制研究进行的有益探索，也存在进一步提升和改进的空间。

## 7.1 研究结论

本书基于地方财政部门行政管理的特殊性和完善政府部门内部控制的现实要求，重点分析地方财政部门内部控制的核心要素和运行机理，以问卷调查为现实考虑的切入点，结合存在的问题以整体视阈和流程视角，提出优化地方财政部门内部控制的政策建议，得出了一些重要的结论：

第一，内部控制内生于委托代理责任，实施内部控制的目标是有效防范风险以提高自身的免疫力。因此，地方财政部门内部控制是以内部委托责任为主而建立实施的内部控制制衡机制，是由组织内全体成员共同参与实施的，通过制定一系列措施、程序和方法，不断优化组织整体环境和规范业务活动的动态过程。作为一种制度创新，地方财政部门内部控制是横向地实施于平等主体之间的制度，是组织系统的自动调整和自我完善，突出了整体环境的优化、流程规范和目标整合以及风险防范这些特点。通过建立内部控制制度，地方财政部门能够不断优化组织内部环境，还可以通过规范各项重点财政业务活动来实现对其他相关部门的管理和监督，从而实现对地方财政部门风险的有效防范。

第二，地方财政部门内部控制是一个包括制度设计、有效执行和评价纠错的动态反复过程。其中，内部环境是地方财政部门内部控制实施的基础，它提供了组织发展的约束环境。地方财政部门开展的所有工作都源于组织的发展目标，必须结合单位层面和作业层面的风险进行有效的风险甄别，采取适当的政策措施对识别的风险进行有效控制，以实现风险管理的目标。此外，还应当辅以必要的监督和评价，及时发现不足和问题并进行弥补和纠正，不断提升内部控制水平。信息的有效传递和沟通则是内部控制的重要条件。

需要统筹和协调不同的管理制度，做到优势互补、共同促进，才能提高地方财政部门防御风险的能力，实现公共管理的目标。与此同时，作为对内部控制过程的有效监督，内部审计可以提高组织部门的管理效率和内部控制水平，也有助于实现地方财政部门的自我约束和自我监督。因此，内部审计的重要作用也不容忽视。

第三，地方财政部门所特有的纵向和横向组织结构及行政管理的特殊性决定了地方财政部门内部控制应当包括单位层面的整体优化与作业层面的流程规范。地方财政部门单位层面为组织的正常运作和发展提供了稳定的环境，并且这种环境会长期影响组织成员的工作效率和作业层面各项业务的具体操作。因此，单位整体层面可以从地方财政部门组织架构、组织发展战略目标、组织文化和人力资源政策、决策审批制度、财政信息系统以及会计机构与财务报告等方面进行优化。地方财政部门作业层面则是对所有财政制度和政策的具体落实以及对各项财政业务的实际操作和完成。作业层面的流程规范需要通过对财政预算管理的纵横监控、政府采购业务的流程管理，提高财政资金的使用效率等措施来实现。

第四，地方财政部门在完成计划和实施各项政策的过程中，由于受到不利因素的影响以及制度本身的制约，可能造成项目计划偏离组织目标。因此，应当构建地方财政部门内部控制评价体系，对照财政部门内部控制理想、合适的理论模式，对其运行的有效性进行评估。地方财政部门内部控制评价体系包括评价主体、客体、目标、指标、标准、方法和报告7个要素，并且按照特定的评价程序进行有效性评价。通过实施对单位层面的定性分析判定地方财政部门内部控制成熟度水平，并结合作业层面各项重点业务流程的定量测评结果，最终可得出地方财政部门内部控制评价的综合性结论。

## 7.2 展望

作为一种有效的制度安排，地方财政部门内部控制是内部控制在公共部门的有益拓展。本书通过对地方财政部门内部控制进行理论探索和现实考察，得到了一些有意义的结论。对于内部控制的探索需要控制学、内部控制学、会计学、社会学、管理学、财政学等多学科的理论知识作为支撑。地方财政部门内部控制发展时间较短，运行过程中的问题会随着制度的推行而逐步显现。所以，内部控制丰富的理论要求与现实背景决定了地方财政部门内部控制的研究不可能是一日之功，未来还有发展的空间。

首先，尽管近年来我国对于财政内部控制的研究已取得了一定的成果，学者们基于不同视角、从不同方面分析探索了内部控制的概念、框架、体系构建、方式方法等问题，并提出很多有益的政策建议，但是我们也必须看到，目前我国对于财政内部控制的研究还存在很多不完善之处，尚有很大的探索空间。例如，对于财政内部控制的概念和框架，至今学者们仍存在一定程度的争议，没有形成统一的观点。另外，有些学者所提出的改革的政策建议也缺乏实操性。因此，关财政内部控制的基本框架、内容、运行机制等方面仍需广大学者进行更加深入的研究，从而构建符合我国具体国情的，更加具有针对性和实际操作性的地方财政内部控制制度体系。

其次，作为一项对传统行政管理模式的制度创新，地方财政部门内部控制与国家制度和一定时期的经济发展状况相关，具有显明的行政管理特色。同时，地方财政部门内部控制涉及控制学、内部控制学、管理学、会计学、审计学、经济学、信息管理学等多学科领域，要想真正理清地方财政内部控制的脉络，还需要结合多学科知识进行更深入地探讨和分析。同时，受到研究方法的局限，研究视野多以地方财政部门的某个视角进行研究，而缺乏整体视阈下的全面深入剖析，因此需要不断寻求多元化的研究范式和探索路径。

最后，地方财政部门内部控制的发展时间不长，因此对于一些问题的把握只能是定性描述，缺乏相应的数据支持和规范统一的评价标准作为客观指导，致使难以对内部控制实施效果形成最终客观真实的判定。今后，在我国地方财政部门内部控制进一步完善和发展的过程中，相关数据和信息会越来越完备，所涉及的范围也会不断扩大，因此可以在定性分析的基础上辅以更大比重的定量研究，通过数据的计量与统计分析客观描述地方财政内部控制的状况，发现内部控制实施过程中存在的问题和薄弱环节，有针对性地提出改革建议，减少损失和过错，提高地方财政部门内部控制有效性水平。

# 附录　地方财政部门内部控制调查问卷

尊敬的先生/女士

您好！

非常感谢您的支持！

您的参与和配合对完成贵单位内部控制现状的调查工作准确性和客观性非常重要。此次问卷调查旨在获取基层财政部门内部控制实施的具体情况，从而为下一步优化和完善地方财政部门内部控制的制度建设提供客观的依据和方向。本人将对您的问卷内容进行保密，问卷结果仅作为本研究的数据来源。请您按照自己的理解，在调查问卷中选择您认为合适的选项，在“□”内打勾。

祝您工作顺利，再次感谢您的配合！

您的年龄：□20—30　□30—40　□40—50　□50—60　□60 以上

您的职级：□科级以下　□科级　□处级　□处级以上

您的学历：□高中学历　□专科学历　□本科　□硕士及以上学历

单位情况：□乡镇财政部门　□县、区财政部门　□市财政部门

□省财政部门

您的职务：□一般人员　□部门负责人　□内控机构负责人　□单位负责人

**一、控制环境**

1. 您是否满意组织单位内部控制的培训？

□非常满意　□满意　□不确定　□不满意　□非常不满意

2. 您是否愿意加强内部控制的学习？

□非常愿意　□愿意　□不确定　□不愿意　□非常不愿意

3. 您认为所在单位是否具有组织凝聚力？

□非常有　□比较有　□不确定　□没有　□完全没有

4. 您认为单位组织机构设置是否健全？

□非常健全　□较健全　□不确定　□不健全　□非常不健全

5. 您认为所在单位各职能部门的具体分工是否明确？

□非常明确　□较明确　□不确定　□不明确　□非常不明确

6. 您认为所在单位领导是否有能力胜任？

□完全能胜任　□较胜任　□不确定　□不能胜任　□完全不胜任

7. 您对组织单位在人员选拔、培训、晋升以及报酬方面建立的人事政策和程序是否满意？

□非常满意　□满意　□不确定　□不满意　□非常不满意

8. 您认为所在单位是否有明确的发展战略目标，并对此有详细明确的描述？

□非常明确　□较明确　□不确定　□不明确　□非常不明确

**二、风险评估**

9. 您认为所在单位领导风险意识如何？

□非常强　□比较强　□不确定　□不强　□非常弱

10. 您是否满意单位现行的风险防范措施？

□非常满意　□满意　□不确定　□不满意　□非常不满意

11. 您认为所在单位是否定期检查战略执行计划的有效性？

□定期　□一般　□不确定　□很少　□未开展

12. 您是否满意单位开展风险排查分析的相关措施？

□定期　□一般　□不确定　□很少定期　□未开展

**三、控制活动**

13. 您是否赞同单位现有的工作程序？

□非常赞同　□赞同　□不确定　□不赞同　□非常不赞同

14. 您认为组织部门在防止舞弊和错误发生方面建立的稽查体系是否健全？

□非常健全　□较健全　□不确定　□不健全　□非常不健全

15. 您所在部门是否建立了完备的不相容职务分离制度？

□非常完备　□较完备　□不确定　□不完备　□非常不完备

16. 您认为所在部门的组织目标与绩效考核目标的关联是否紧密？

□非常紧密　□较紧密　□不确定　□不紧密　□非常不紧密

17. 您如何评价所在单位授权审批制度的适用性？

□非常适用　□较适用　□不确定　□不适用　□非常不适用

**四、信息与沟通**

18. 您觉得所在单位部门上下级的信息传递是否及时？

□非常及时　□较及时　□不确定　□不及时　□非常不及时

19. 您认为得到足够详细的信息是否有利于高效地履行工作职责？

□非常有利　□较有利　□不确定　□不利于　□完全不利于

20. 您如何评价目前所在单位的财政信息系统的运作效果？

□非常好　□比较好　□不确定　□不好　□非常不好

21. 您是否愿意并且会向上级领导反映问题、提出意见和建议?

□非常愿意 □愿意 □不确定 □不愿意 □非常不愿意

**五、内部监督**

22. 您如何评价单位的内部审计独立性?

□非常独立 □比较独立 □不确定 □不独立 □完全不独立

23. 您如何评价所在单位制度执行的内部检查和持续监控有效性?

□非常有效 □比较有效 □不确定 □无效 □完全不效

24. 对于发现的问题，组织部门是否能及时查明问题原因并采取有效措施进行弥补?

□非常及时 □比较及时 □不确定 □不及时 □完全不及时

25. 您对所在单位的反舞弊举报渠道是否满意?

□非常满意 □满意 □不确定 □不满意 □非常不满意

# 参考文献


[1] 爱德华·卡尼等著．王光远等译．联邦政府内部控制［M］．北京：中国时代经济出版社，2009.

[2] 安德鲁·贝利等著．王光远等译．内部审计思想［M］．北京：北京大学出版社．2006. 67－69.

[3] 财政部会计司．行政事业单位内部控制规范讲座［M］．北京：经济科学出版社，2013.

[4] 财政部会计司．美国政府及非营利组织会计讲座［M］．北京：中国财政经济出版社，2002.

[5] 财政部会计司．企业内部控制规范讲解［M］．北京：经济科学出版社，2010.

[6] 财政部会计资格评价中心编．高级会计实务［M］．北京：经济科学出版社，2013.

[7] 蔡吉甫．内部控制框架构建的产权理论研究［J］．审计与经济研究．2006，(6)：85－89.

[8] 蔡吉甫．内部控制的制度经济学研究［J］．中央财经大学学报．2007 (6)：59－65.

[9] 蔡吉甫．我国上市公司内部控制信息披露的实证研究［J］．审计与经济研究，2005，20 (2)：85－88.

[10] 曹越、黄灿、单铁霞．产权保护导向的政府内部控制研究［J］．湖南大学学报（社会科学版），2014 (11)：65－69.

[11] 陈工，陈健．财政监督的博弈分析及其优化［J］．财贸经济，2007 (4)：31－36.

[12] 陈关亭、张少华．论上市公司内部控制的披露及其审核［J］．审计研究，2003 (6)：34－38.

[13] 陈汉文、张宜霞．企业内部控制的有效性及其评价方法［J］．审计研究，2008 (3)：48－54.

[14] 陈林．基于公共受托责任的政府绩效审计内部控制问题研究［J］．经济师，2009 (5)：190－192.

［15］陈珊．我国政府机构内部控制体系重建［J］．商业会计，2008（13）：28－29.

［16］陈宋生．内部控制历史沿革及企业应对策略［J］．审计与理财，2008（10）：6－8.

［17］陈文川、黄凯颖．基于网络分析法的政府部门内部控制有效性评价体系研究［J］．财会月刊，2015（4）：10－15.

［18］陈文川、余应敏．政府部门内部控制有效性评价理论框架研究［J］．财政监督，2015（3）：12－16.

［19］陈永平．行政事业单位内部控制理论初探［J］．财政监督，2012（8）：33－34.

［20］陈志斌、何忠莲．内部控制执行机制分析框架构建［J］．会计研究，2007（10）：46－72.

［21］陈志斌、陆瑶．内控规范制定机制研究［J］．会计研究，2008（4）：62－69.

［22］池国华、樊子君．内部控制学［M］．北京：北京大学出版社，2010.

［23］池国华、关建朋、乔跃峰．企业内部控制评价系统的构建［J］．财经问题研究，2011（5）：87－92.

［24］池国华．基于管理视角的企业内部控制评价系统模式［J］．会计研究，2010（10）：58－65.

［25］（德）柯武刚、史漫飞著．韩朝华译．制度经济学：社会秩序与公共政策［M］．北京：商务印书馆，2000.

［26］邓春华．企业内部控制：现状及发展建议［J］．审计研究，2005（3）：72－75.

［27］董美霞．增强企业内部控制评价效果的思考——基于《企业内部控制评价指引（征求意见稿）》［J］．审计与经济研究，2010（1）：73－81.

［28］董仕军．公共财政体制下财政财政部门内控机制的建设和完善［J］．财贸经济，2003（10）：31－34.

［29］董小红．试论政府治理与政府内部控制［J］．西部财会，2008（3）：16－18.

［30］杜建卿．新公共管理理论评价［J］．现代商贸工业，2011（11）：11－14.

［31］樊行健、刘光忠．关于构建政府部门内部控制概念框架的若干思考［J］．会计研究，2011（10）：34－41.

［32］范恒山．事业单位改革：国际经验与中国探索［M］．北京：中国财政经济出版社，2004.

[33] 方红星，王宏译．企业风险管理——整合框架［M］．大连：东北财经大学出版社，2005.

[34] 方红星．内部控制审计与组织效率［J］．会计研究，2002（7）：41－44.

[35] 冯巧根．企业内部控制报告分析——基于美国的案例［J］．财会通讯（综合版），2007（4）：6－9.

[36] 龚杰、方时雄．企业内部控制：理论、方法与案例［M］．杭州：浙江大学出版社，2006.

[37] 谷祺、张相洲．内部控制的三维系统观［J］．会计研究，2003（11）：10－13.

[38] 管永昊、周文玲．财政内部控制的框架构建及路径选择［J］．兰州商学院学报，2013（12）：106－112.

[39] 郭晓梅、傅元略．ZPM——内部控制制度的综合评价模型［J］．上海会计，2002（12）：6－9.

[40] 国家税务总局督察内审司内部控制研究课题组、郭晓林．我国税务部门内部控制研究［J］．税务研究，2018（04）：42－51.

[41] 国有企业内部控制课题组著．国有企业内部控制框架［M］．北京：机械工业出版社，2009.

[42] 胡国柳、卢闯、黄鹤．企业财务战略与财务控制［M］．北京：清华大学出版社，2004.

[43] 黄新銮、梁步腾、姚杰．中美内部控制法律框架的比较与借鉴［J］．会计研究，2008（9）：88－91.

[44] 贾康，白景明．县乡财政解困与财政体制创新经济研究［J］．2002，48（2）：14－18.

[45] 江其玟、陈良华、胡幽妍．地方财政部门内部控制体系构建［J］．华东经济管理，2011（6）：144－146.

[46] 姜宏青．基于内部控制视角的地方政府债务风险控制研究［C］．中国会计学会2012年学术年会论文集，2012（7）.

[47] 金希萍．行政事业单位内控制度建设之浅见［J］．中国市场，2006（9）：39－42.

[48] 康芒斯．制度经济学［M］．上海：商务印刷馆，1962.

[49] 孔令男，许天兴．博弈论视角下的企业内部控制浅谈［J］．财会通讯，2008（10）：66－67.

[50] 郎正清．加强我国政府部门内部控制有效性的探讨［J］．审计月刊，2006（6）：26－27.

[51] 李斌、王奇杰．高校科技管理部门负责人经济责任审计评价——基于多级模糊综合评价视角 [J]. 科技与管理，2009 (1)：1－2.

[52] 李凤鸣．内部控制学第2版 [M]. 北京：北京大学出版社，2012.

[53] 李甘霖、张庆龙．政府审计监督与政府部门内部控制 [J]. 中国内部审计，2012 (8)：27－29.

[54] 李晗．浅析“三公”经费公开下行政事业单位的财务管理 [J]. 财会研究，2012 (1)：49－50.

[55] 李连华、唐国平．内部控制效率：理论框架与测试评价 [J]. 北京：会计研究，2012 (5)：16－21.

[56] 李连华．内部控制理论结构：控制效率的思想基础与政策建议 [M]. 厦门：厦门大学出版社，2007.

[57] 李培根．国外财政预算支出管理中的内部控制与审计监督 [J]. 兰州商学院学报，2003 (4)：92－95.

[58] 李三喜，徐荣才．企业内部控制基本规范的超越与应用 [M]. 北京：经济科学出版社，2008.

[59] 李思昊．基于灰色评价模型的政府部门内部控制评价研究 [J]. 财会通讯，2014 (8)：67－69.

[60] 李心合．内部控制研究的困惑与思考 [J]. 会计研究，2013 (6)：54－61.

[61] 李心合．企业内部控制基本规范导读 [M]. 大连：大连出版社，2008.

[62] 林斌、李万福、王林坚等．内部控制的影响因素及经济后果研究——国外内部控制实证文献述评 [J]. 井冈山大学学报（社会科学版），2010 (5)：90－91.

[63] 林翰文、林火平．行政事业单位资产管理与预算管理相结合的思考 [J]. 求实，2010 (5)：33－35.

[64] 林钟高、郑军．基于契约视角的企业内部控制研究 [J]. 会计研究，2007 (10)：53－61.

[65] 刘光忠．政府内部控制构建与实施研究 [D]. 成都：西南财经大学，2011.

[66] 刘力云．论发展和完善我国政府内部审计 [J]. 审计研究，2007 (3)：30－34.

[67] 刘秋明．基于公共受托责任理论的政府绩效审计研究 [D]. 厦门：厦门大学会计学，2006.

[68] 刘霄仑．风险控制理论的再思考：基于对COSO内部控制理念的分析

[J]. 会计研究，2010 (3)：37-43.

[69] 刘永泽、况玉书. 我国政府内部控制：经验借鉴与体系构建 [J]. 南京审计学院学报，2015 (4)：3-11.

[70] 刘永泽、唐大鹏. 关于行政事业单位内部控制的几个问题 [J]. 会计研究，2013 (1)：57-62.

[71] 刘永泽、张亮. 我国政府部门内部控制框架体系的构建研究 [J]. 会计研究，2012 (1)：10-19.

[72] 刘玉廷、王宏. 美国加强政府部门内部控制建设的有关情况及其启示 [J]. 会计研究，2008 (3)：3-10.

[73] 柳光强、田文宠. 新公共管理理论视角下的公共部门内部控制探讨 [J]. 财政监督，2011 (12)：52-54.

[74] 卢成龙. 关于构建政府内部控制系统的比较与思考 [J]. 中国工会财会，2010 (10)：9-10.

[75] 罗飞. 对财政运行内部控制问题的探讨 [J]. 四川财政，2003 (10)：11-12.

[76] 马方、冯建梅. 内部控制评价模式整合研究 [J]. 财会月刊，2012 (12)：79-80.

[77] 马晓萍. 刍议行政事业单位的内部会计控制 [J]. 中国农业会计，2011 (10)：121-125.

[78] 茆晓颖、孙文基. 我国财政内部控制问题研究 [J]. 财政研究，2010 (2)：9-11.

[79] (美) 乔治·弗雷德里克森. 公共行政的精神 [M]. 北京：中国人民大学出版社，2003.

[80] (美) 维纳著. 郝季仁译. 控制论：或关于在动物和机器中控制和通信的科学第2版 [M]. 北京：科学出版社，2009.

[81] 美国Treadway委员会发起组织委员会 (COSO) 制定. 方红星主译. 内部控制——整合框架 [M]. 大连：东北财经大学出版社，2008.

[82] 聂兴凯、张庆龙. 政府部门内部控制研究述评与改革建议 [J]. 会计研究，2011 (6)：50-56.

[83] 彭艺. 高校内部会计控制新论 [M]. 湖南：湖南人民出版社，2010.

[84] 审计署科研所编. 中国审计研究报告 [R]. 北京：中国时代经济出版社，2007：263-264.

[85] 施巧灵. 关于行政事业单位内部控制的探讨 [J]. 当代经济，2011 (16)：68-69.

[86] 舒亚华. 新形势下关于强化行政事业单位内部控制管理的有效策略

[J]. 现代经济信息，2012 (24)：38 -41.

[87] 宋建波. 内部控制与风险管理 [M]. 北京：中国人民大学出版社，2012.

[88] 苏忠林. 中国地方政府债务现状与改革出路 [J]. 中南财经政法大学学报，2006 (2)：67 -71.

[89] 孙平. 管理组织论 [M]. 成都：四川人民出版社，1996.

[90] 孙永平. 加强行政事业单位内部审计与内部控制研究 [J]. 企业研究，2012 (6)：68 -69.

[91] 唐大鹏、吉津海、支博. 行政事业单位内部控制评价：模式选择与指标构建 [J]. 会计研究，2015 (1)：68 -75.

[92] 唐大鹏. 公共部门内部控制的国际借鉴与制度创新 [J]. 财政研究，2014 (5)：71 -74.

[93] 唐大鹏、高勤. 基于内部控制经验完善政府部门内部采购 [J]. 中国财政，2015 (1)：44 -45.

[94] 唐芬艳. 论我国政府内部控制质量评价体系的构建 [J]. 湖南财政经济学院学报，2014 (12)：83 -89.

[95] 唐大鹏、王璐璐、武威. 预算分权下政府内部控制概念框架及实现路径 [J]. 财政研究，2017 (06)：59 -71.

[96] 特伦斯·丹提斯、阿兰·佩兹. 宪制中的行政机关——结构、自治与内部控制 [M]. 北京：高等教育出版社，2006.

[97] 田志刚. 地方财政内控能力成熟度的测评研究——基于 ICM - LF 模型 [J]. 中南财经政法大学学报，2011 (6)：7 -11.

[98] 王德敏. 行政事业单位内部控制精细化管理全案 [M]. 北京：中国劳动社会保障出版社，2010.

[99] 王飞. 我国商业银行内部控制缺陷分析及对策 [J]. 南方金融，2006 (5)：15 -18.

[100] 王光远、刘秋明. 公司治理下的内部控制与审计——英国的经验与启示 [J]. 中国注册会计师，2003 (2)：17 -21.

[101] 王光远. 再造政府机关的内部控制机制 [J]. 中国审计，2006 (7)：32 -34.

[102] 王光远. 中美政府内部控制发展回顾与评述 [J]. 财会通讯，2009 (12)：6 -12.

[103] 王海林、李文君. 企业人本内部控制：构建基础及对物本内部控制的改进 [J]. 财会月刊，2010 (21)：12 -13.

[104] 王海林. IT 环境下企业内部控制模式探讨 [J]. 会计研究，2008

(11)：63－68.

［105］王海林．内部控制能力评价的IC－CMM模型研究［J］．会计研究，2009（10）：53－59.

［106］王立勇、石柱鲜．内部控制系统评价定量分析的数学模型［J］．审计研究，2004（4）：53－69.

［107］王立勇、张秋生．对我国现行内部控制评价主体定位的研究［J］．北京交通大学学报（社会科学版），2004（4）：45－49.

［108］王戍．政府部门内部控制发展的六大趋势［J］．上海国资，2008（10）：48－49.

［109］王戍译．公共部门内部控制——最高审计机关国际组织内部控制概念的更新［J］．中国内部审计，2005（12）：71－73.

［110］王戍译．内部控制与政府责任［J］．新疆审计，2005（6）：43－45.

［111］王小龙、杜强、衡卫峰、赖启忠、孙江霓．美国联邦政府内部控制建设特点及启示［J］．财政研究，2018（03）：124－129.

［112］王素莲．企业内部控制评价指标体系研究［J］．山西大学学报（哲学社会科学版），2005 28（6）：9－14.

［113］王彤彤、徐辰．行政事业单位内部控制环境存在的问题及对策［J］．时代经贸，2010（4）：56－59.

［114］王艳宁．中美政府部门内部控制比较研究［J］．财会研究，2012（16）：60－63.

［115］王颖、卜海．内部控制与组织文化的契合及互动——特征辨析与路径探索［J］．审计与经济研究，2014（6）：42－48.

［116］王竹泉、隋敏．控制结构＋企业文化：内部控制要素新二元论［J］．会计研究，2010（3）：28－35.

［117］吴秋生、郝诗萱．论领导者权力对内部控制有效性的影响［J］．审计与经济研究，2013（5）：32－39.

［118］吴秋生、杨瑞平．内部控制评价整合研究［J］．会计研究，2011（9）：55－60.

［119］吴勋、张晓岚．风险管理导向的公共事业部门内部控制问题研究［J］．管理现代化，2010（10）：48－50.

［120］谢德仁．企业的性质：要素使用权交易合约之履行过程［J］．经济研究，2002（4）：84－91.

［121］谢志华．内部控制、公司治理、风险管理关系与整合［J］．会计研究，2007（10）：37－45.

［122］谢志华．内部控制：本质与结构［J］．会计研究，2009（12）：

70－75.

[123] 熊筱燕、罗建玉、王殿龙．会计控制论［M］．北京：新华出版社，2002.

[124] 徐国强、朱宇、李宇立．行政事业单位内部控制实证研究第3版［M］．大连：东北财经大学出版社，2010.

[125] 徐国强．内部控制实证研究［M］．大连：东北财经大学出版社，2010.

[126] 杨冠琼．政府治理体系创新［M］．北京：经济管理出版社，2000.

[127] 杨洪兰、张晓蓉．现代组织学［M］．上海：复旦大学出版社，1997.

[128] 杨清香．试论内部控制概念框架的构建［J］．会汁研究，2010（11）：29－32.

[129] 杨时展．会计信息系统说三评——决策论和受托责任的论争［J］．财会通讯，1992（6）：35－46.

[130] 杨肃昌．中国国家审计：问题与改革［M］．北京：中国财政经济出版社，2004.

[131] 杨晓华．关于加强行政事业单位内部控制的思考［J］．财会通讯，2010（9）：115－116.

[132] 杨雄胜、李翔、邱冠华．中国内部控制的社会认同度调查［J］．会计研究，2007（8）：60－67.

[133] 杨雄胜、夏俊等．内部控制评价［M］．大连：大连出版社，2009.

[134] 杨雄胜．内部控制的管理渊源解析：管理学的视角［J］．中国会计师，2006（4）：71－75.

[135] 杨雄胜．内部控制理论面临的困境及其出路［J］．会计研究，2006（2）：53－59.

[136] 杨有红、汪薇．2006年沪市公司内部控制信息披露研究［J］．会计研究，2008（3）：35－42.

[137] 叶义成、柯丽华、黄德育．系统综合评价技术及其应用［M］．北京：冶金工业出版社，2006.

[138] 殷羽．关于加强行政事业单位内部控制的思考［J］．金融经济：下半月，2012（5）：136－138.

[139] 于增彪、王竞达、瞿卫菁．企业内部控制评价体系的构建——基于亚新科工业技术有限公司的案例研究［J］．审计研究，2007（3）：47－52.

[140] 余华．行政事业单位业务层面内部控制建设存在的主要问题及对策探讨［J］．湖南财政经济学院学报，2014（6）：66－76.

[141] 俞可平．治理与善治［M］．北京：社会科学文献出版社，2000.

[142] 约翰．格林．徐瑞康、文硕译．绩效审计［M］．北京：中国商业出版社，1990.

[143] 云南省财政厅监督检查处．构建与完善财政部门内部控制机制（上—理论研究与实证分析［J］．财政监督，2008（5）：41－43.

[144] 云南省财政厅监督检查处．构建与完善财政部门内部控制机制（下—对策研究）［J］．财政监督，2008（6）：24－26.

[145] 云虹、陶金凤．政府部门内部控制有效性测度方法及应用［J］．财会通讯，2017（07）：113－115.

[146] 张桂义．我国政府部门内部控制若干重大问题研究［J］．经济研究参考，2012（53）：88－89.

[147] 张国清、李建发．美国政府机构内部控制的发展及其启示［J］．厦门大学学报（哲学社会科学版），2009（4）：86－92.

[148] 张国生．公共受托责任与政府财务报告［J］．财会月刊，2004（24）：15－19.

[149] 张坚英．对行政事业单位完善内部控制对策的研究［J］．中国总会计师，2008（12）：74－75.

[150] 张杰明．现代审计基础结构研究［M］．广州：广东高等教育出版社，1996.

[151] 张立民、陈小林．审计法治及其构架——兼议《审计法》修改与审计结果报告权［J］．审计研究，2004（2）：8－14.

[152] 张龙平、陈作习、宋浩．美国内部控制审计的制度变迁及其启示［J］．会计研究，2009（2）：75－80.

[153] 张龙平．审计机关开展效益审计的现状分析与未来展望［J］．湖北审计，2003（10）：24－25.

[154] 张庆龙．内部审计理论与方法［M］．北京：中国时代经济出版社，2005.

[155] 张庆龙．公共受托责任、政府治理与政府部门内部控制［J］．中国内部审计．2012（1）：51－55.

[156] 张庆龙、高剑芹．政府部门内部控制的科学内涵［J］．中国内部审计，2012（5）：31－35.

[157] 张庆龙．政府部门内部控制：框架设计与有效运行［M］．北京：化学工业出版社，2012.

[158] 张先治、戴文涛．中国企业内部控制企业系统研究［J］．审计研究，2011（1）：69－78.

[159] 张先治．内部管理控制论［M］．北京：中国财政经济出版社，2004.

[160] 张砚、杨雄胜. 内部控制理论研究的回顾与展望 [J]. 审计研究, 2007 (1): 37 -42.

[161] 张兆国、张旺峰、杨清香. 目标导向下的内部控制评价体系构建及实证检验 [J]. 南开管理评论, 2011 (1): 148 -156.

[162] 赵爱玲. 我国企业内部控制体系建设面临的困惑及思考 [J]. 审计与经济研究, 2008 (3): 96 -99.

[163] 郑洪涛. 企业内部控制精要整体框架、制度设计、测试评价 [M]. 北京: 中国财政经济出版社, 2007.

[164] 郑素芬. 政府部门内部控制与审计的关系研究 [D]. 河南大学, 2010.

[165] 郑素芬. 政府部门内部控制建设思考 [J]. 财会通讯, 2011 (12): 93 -94.

[166] 中国内部审计协会编著. 内部控制理论与实务 [M]. 北京: 中国时代经济出版社, 2008.

[167] 中国审计学会. 立项课题研究报告 (2004—2005) [C]. 北京: 时代经济出版社, 2005.

[168] 周志忍. 当代国外行政改革比较研究 [M]. 北京: 国家行政学院出版社, 1999.

[169] 朱海涛. 我国政府与非营利组织内部控制制度建设研究 [J]. 中国管理信息化, 2009 (8): 25 -27.

[170] 朱荣恩、应唯、袁敏. 美国财务报告内部控制评价的发展及对我国的启示 [J]. 会计研究, 2003 (8): 48 -51.

[171] 卓越. 公共部门绩效评估 [M]. 北京: 中国人民大学出版社, 2004.

[172] 宗文龙、魏紫、于长春. 我国事业单位内部控制现状与改革建议——基于问卷调查的分析 [J]. 审计研究, 2012 (5): 106 -112.

[173] Acharya, Viral V.; Myers, Stewart C.; Rajan, Raghuram G., 2011, "The Internal Governance of Firms", Journal of Finance, 66 (3): 689 -720.

[174] Ahn M. J., Bretschneider S., 2011, "Politics of E - Government: E - Government and the Political Control of Bureaucracy", Public Administration Review, 71 (3): 414 -424.

[175] Amold Schneider, Bryan K. Church, 2008, "The effect of auditor's internal control opinions on loan decisions", Journal of Accounting and Public Policy, 4 (3): 1 -18.

[176] Anna J. Palmer, 1993, "Performance Measurement in Local Government", Public Money and Management, (9/10): 31 -36.

[177] Andrew J. Leone, 2007, "Factors related to internal control disclosure: A discussion of Ashbaugh, Collins, and Kinney and Doyle, Ge, and McVay", Journal of Accounting and Economics, 44 (2): 224 - 237.

[178] Arnold Schneider, Bryan K. Church, 2008, "The effect of auditors Internal control Opinions on loan decisions", Journal of Accounting and Public Policy, (27): 1 - 18.

[179] Ashbaugh - Skaife H., Collins D. W, Kinney W, 2008, "The Effect of SOX Internal Control Deficiencies and Their Remediation on Accrual Quality", The Accounting Review, (83): 217 - 250.

[180] Balsam, Steven; Jiang, Wei; Lu, Bo, 2014, "Equity Incentives and Internal Control Weaknesses", Contemporary Accounting Research, 31 (1): 178 - 201.

[181] Barbara S. Romzek & Ingraham, P. W, 2000, "Cross Pressures of accountability: Initiative, command, and failure in the Ron Brown plane crash", Public Administration Review, (3): 240 - 253.

[182] Beneish, Messod Daniel; Billings, Mary Brooke; Hodder, Leslie D., 2008, "Internal Control Weaknesses and Information Uncertainty", Accounting Review, 83 (3): 665 - 703.

[183] Berkovitch, Elazar; Israel, Ronen, 1996, "The Design of Internal Control and Capital Structure", Review of Financial Studies, 9 (1): 209 - 240.

[184] Bowerman M, Humphrey C, Owen D, 2003, "Struggling for supremacy: the case of UK public audit institutions", Critical perspectives on accounting, 14 (1): 1 - 22.

[185] Calderon, Thomas G, arber, Ryan, Conrad, Edward J, 2012, "Examing internal in small and large local governments", Internal Auditing, (3): 11 - 17.

[186] Caplan, Dennis, 1999, "Internal Controls and the Detection of Management Fraud", Journal of Accounting Research, 37 (1): 101 - 117.

[187] Christopher Pollitt, 2003, "Performance Audit in Western Europe: Trends and Choices", Critical Perspectives on Accounting, (14): 157 - 170.

[188] Coe, Charles K.; Ellis, Curtis, 1991, "Internal Controls in State, Local, and Nonprofit Agencies", Public Budgeting and Finance, 11 (3): 43 - 55.

[189] Committee of Sponsoring Organizatiom of the Treadway Commission. Enterprisesk Management Framework [R]. New York: COSO, 2004.

[190] Doyle J., Ge W., Mc Vay S, 2007, "Determinants of Weaknesses in Internal Control over Financial Reporting", Journal of Accounting and Economics, (44): 193 - 223.

[191] Eng L, Mark YT, 2003, "Corporate governance voluntary disclosure", Journal of Accounting and Public Policy, (22): 325 - 345.

[192] FILIPIAK, Beata, 2009, "Internal control in local government units in Poland", Public Administration, (22): 69 - 75.

[193] Gallagher, Mark; Radcliffe, Vaughan S., 2002, "Internal Controls in Nonprofit Organizations: The Case of the American Cancer Society, Ohio Division", Nonprofit Management and Leadership, 12 (3): 313 - 325.

[194] GAO. Standards for Internal Control in the Federal Government [S]. GAO Reports. 9/10/2014, preceding: 1 - 80.

[195] George Frederickson, 1996, "Comparing the reinventing government with new public administrations", Pubilc Administration Review, 45 (5): 6.

[196] Gherai Dana Simona, Tara Ioan Gheorge Ioan Gheorge, 2012, "Court of auditors - the assessment of internal control system in the public sector in Romania. Case Study Bihor County", Annals of the University of Oradea, Economic Science Series, (21): 925 - 930.

[197] Goh, Beng Wee; Li, Dan, 2011, "Internal Controls and Conditional Conservatism", Accounting Review, 86 (3): 975 - 1005.

[198] Hana Polackova Brixi, Hafez, Ghanem and Roumeen, Islam, 1999, "Fisal Adjustment and ContingentLiabilities: Case Studies of the Czech Republic and Macedonia", World Bank, 19 (2): 21 - 23.

[199] Hanson, Robert C.; Song, Moon H., 2006, "Corporate Governance and Asset Sales: The Effect of Internal and External Control Mechanisms", Financial Review, 41 (3): 361 - 386.

[200] Hermanson, 2000, "An Analysis of the Demand for Reporting on Internal Control", Accounting Horizons, (7): 85 - 114.

[201] Hogan C., Wilkins M, 2006, Evidence on the Audit Risk Model: Do Auditors Increase Audit Effort in the Presence of Internal Control Weaknesses, Working Paper, Southern Methodist University.

[202] Hollis Ashbaugh - Skaife, Daniel W. Collins, William R. Kinney Jr, 2007, "The discovery and reporting of internal control deficiencies prior to SOX - mandated audits", Journal of Accountingand Economics, 44 (2): 166 - 192.

[203] Huefner, Ronald J, 2011, Internal Control Weaknesses in Local Government, CPA Journal, (7): 20 - 27.

[204] Hult K., Walcott C., 1991, "Governing public organizations", CA: Brooks, 12 (3): 24 - 45.

[205] Ian Percy, 2001, "The Best Value Agenda for Auditing", Financial Accountability and Management, (4): 351 -361.

[206] Jensen M., 1993, "The Modern Industrial Revolution, Exit, and the Failure of Internal Control Systems", Journal of Finance, (48): 831 - 880.

[207] Kelly, Thomas P., 1993, "The COSO Report: Challenge and Counter-challenge", Journal of Accountancy, 176 (2): 10 -18.

[208] Kevin P. Keams, 1994, "The Strategic Management of Accountability in Nonprofit Organizations: An Analytical Framework", Public Administration Review, (3/4): 185 -192.

[209] Kevin T. Rich and Jean X. Zhang, 2014, "Does Audit Committee Monitoring Matterin the Government Sector Evidence from Municipal Internal Control Quality", Journal of Governmental and Nonprofit Accounting, (3): 58 -80.

[210] Leach, Richard A., 2012, "Internal control - It's where not to cut government", Armed Forces Comptroller, 57 (3): 46 -49.

[211] Lord Sharman of Redlynch, Hold to Account: The Review of Audit and Accountability for Central Government [R]. 2001.

[212] Marinovic, Ivan, 2013, "Internal Control System, Earnings Quality, and the Dynamics of Financial Reporting", RAND Journal of Economics,, 44 (1): 145 -167.

[213] M. C. Jensen, W. H. Meckling, 1976, "Theory of the Firm: Managerial Behavior, Agency Costs and Ownership Structure", Journal of Financial Economics, (4): 56 -78.

[214] Mária Benedek & Klára Tubak Szenténé & Dániel Béres, 2014, "Internal Controls in Local Governments", Public Finance Quarterly, (3): 296 -309.

[215] Mc Knna R., 2007, "Danger of the insider threat", Infosecurlty, (2): 5 -15.

[216] Morrill, Janet B.; Morrill, Cameron K. J.; Kopp, Lori S., 2012, "Internal Control Assessment and Interference Effects", Behavioral Research in Accounting, 24 (1): 73 -90.

[217] Mulgan Richard, 1997, "The Processes of Public Accountability", Australian Journal of Public Administration, (3): 18 -29.

[218] Ogneva, Maria; Subramanyam, K. R.; Raghunandan, K., 2007, "Internal Control Weakness and Cost of Equity: Evidence from SOX Section 404 Disclosures", Accounting Review, 82 (5): 1255 -1297.

[219] OMB, 2004, Revisions to OMB Circular A -123, Management's Respon-

sibility for Internal Control.

[220] Palmrose Zoe - Vonna, 1986, "The Effect of Nonaudit Service on the Pricing of Audit Services", Journal of Accounting Research, 24 (2): 405 - 411.

[221] Persons, 1995, "Using Financial Statement Data to Identify Factors Associated with Fraudulent Financial Reporting", Journal of Applied Business Research, (3): 38 - 46.

[222] Petrovits, Christine; Shakespeare, Catherine; Shih, Aimee, 2011, "The Causes and Consequences of Internal Control Problems in Nonprofit Organizations", Accounting Review, 86 (1): 325 - 357.

[223] Pfeffer J, 1992, "Understanding power in organizations", Californa Management Review, 34 (2): 29 - 50.

[224] Reginato, Elisabetta, Paglietti, Paola, Fadda, Isabella, 2011, "Formal or Substantial Innovation: Enquiring the Internal Control System Reform in the Italian Local Government", InternationalJournal of Business and Management, (6): 3 - 15.

[225] Richard C. Laughlin., 1990, "Model of Accountability and The Church of England", Financial Accountability and Management, (2): 93 - 114.

[226] Robert B., 2001, "The new public service: putting democracy first", National Civic Review, 33 (4): 39.

[227] Roberts J. and Scapens R., 1985, "Accounting Systems and Systems of Accountability - Understanding Accounting Practices in Their Organisational Contexts", Accounting, Organizations and Societ, (4): 443 - 456.

[228] Rotch W., 1993, "Management control systems: One view of componentsand their interdependence", British Journal of Management, 4 (3): 191 - 203.

[229] Schneider A., 2009, "Auditors' Internal Control Opinions: Do They Influence Judgments about Investments", Managerial Auditing Journal, 24 (8): 709 - 723.

[230] Simon Daniel T., 1985, "The AuditAuditing: A Journal of Practice Services Market", Additional Empirical Evidence and Theory, 5 (1): 71 - 78.

[231] Spira, Laura F.; Page, Michael, 2010, "Regulation by Disclosure: The Case of Internal Control", Journal of Management and Governance, 4 (4): 409 - 433.

[232] Stoker G., 1998, "Governance as theory: five propositions", International Social Science Journal, 32 (6): 17 - 28.

[233] Tabor, Richard H., 1983, "Internal Control Evaluations and Audit Program Revisions: Some Additional Evidence", Journal of Accounting Research, 21 (1): 348 - 354.

[234] Tackett J. A., Wolf F., Claypool G. A., 2006, "Internal Control under

Sarbanes – Oxley: a Critical Examination", Managerial Auditing Journal, 21 (3): 317 –323.

[235] Tipgos, M. A. , 2000, "Why management fraud is unstoppable", CPA Journal, (12) : 34 –41.

[236] Treadway Committee, 1987, "Fraud Commission Issues Final Report", Journal of Accountancy, (11): 34.

[237] Tsay, Bor – Yi, 2010, "Designing an Internal Control Assessment Program Using COSO's Guidance on Monitoring", CPA Journal, 80 (5): 52 –57.

[238] Wang Y. H. , Chuang C. C. , Lee S. Y. , 2010, "Impact of Compositions and Characteristics of Board of Directors and Earnings Management on Fraud", African Journal of Business Management, 4 (4): 496 –511.

[239] West J P, Berman E M, 2003, "Audit committees and accountability in local government: A national survey", International Journal of Public Administration, 26 (4): 329 –362.

[240] Zhang I. X. , 2007, "Economic Consequences of the Sarbanes – Oxley Act of 2002", Journal of Accounting and Economics, (44): 74 –115.